한 번쯤은 내 맘대로

한 번쯤은
내 맘대로

여행하며 만난 사람들의 이야기

김호열 지음

바이북스
ByBooks

여행하며 만난 사람들의 이야기

항상 초조하고 불안했다. 미래를 생각해보면 아찔했다. 삶 자체가 생각할 여유가 없었다. 지나온 시절을 되돌아보니 암담한 생활의 연속이었다. 탈출구를 찾으려다가 막다른 골목으로 밀쳐지기도 했다. 더 이상 길이 보이지 않을 때도 있었다. 그래도 살아야 했다. 그렇게 살아온 내가 대견스럽기도 했다.

취업을 하기 위해 학교를 다녔고 직장을 찾기 위해 노력했다. 나이가 들어서 결혼을 했고 아이를 키우고 아파트 평수를 조금씩 늘려가면서 기계적으로 살았다. 내가 원하는 삶인지, 아닌지의 생각은 사치였다. 사회에 낙오되지 않고 조직에서 밀리지 않기 위해 혼신의 힘을 다해서 살았다.

1997년 IMF나 2008년 유럽발 금융위기, 2019년 코로나 위기는 우리에게 어떻게 살아갈 것인가에 대한 과제를 던져주었다. 그 당시에는 경각심을 느꼈지만 바쁘다는 핑계로 또 잊고 살았다. 그

때 받았던 과제는 꼬리에 꼬리를 물고 뜬금없이 한 번씩 내 머리를 강타했다.

그러던 어느 날, 나도 모르게 번아웃 증후군이 찾아왔다. 아무 것도 할 수가 없었다. 열정이 넘치던 시절에는 밤을 새워가며 일했는데 책상에 1시간 이상 앉아 있을 수가 없었다. 무슨 생각을 집중할 수도 없었다. 아무것도 하기가 싫었다. 몸도 마음도 영혼도 찌들어가는 것 같았다.

친구의 권유로 전국 여행을 떠났다. 제주에 가서 올레길도 걸었고 우도, 가파도, 마라도 등 섬 속의 섬까지 돌았다. 전국의 명산과 관광지를 돌았다. 혼자 돌기도 하고 지인과 같이 가기도 했다.

어느 날 제주 성산 일출봉을 갔는데 성산 일출에서 우도 섬을 바라보면서 내 몸이 감전된 것 같은 전율이 느껴졌다. 그 전율은 나에게 뭔가를 암시하고 있었다. 지금까지 살아온 세월 동안 나의 삶에, 내 생각은 없었다. 과도한 업무와 미래에 대한 불안으로 항상 다람쥐 쳇바퀴 도는 생활, 의식주를 위해서 좌충우돌하면서 살아온 것이 전부였다. 한 번쯤은 내 맘대로 살고 싶은 충동을 강하게 느꼈다.

그러던 어느 날, 신문에서 1년에 책 365권을 읽으면 천재가 된다는 기사를 보았다. 365권 책을 읽고 작가가 된 사람의 책도 읽었다. 여행을 끝내고 흐지부지하던 사업을 정리했다. 도서관에 다니면서 1년 동안 365권 책을 읽었는데 천재는커녕 백수가 되고 말았다. 비록 백수는 되었지만 새로운 삶의 희망을 얻었고 내가 할 일을 찾아야겠다는 목표가 뚜렷해졌다. 책을 읽으면서 여러 가지 깨달음을 얻었다. 그 후로 1년에 100권 정도 책을 읽으면서 나의 내면을 심도 있게 성찰했다. 미래의 방향을 잡았다.

다시 사업을 시작했다. 예전과는 다른 확실한 삶의 목표를 찾기 위해 고민을 했다. 내가 좋아하고 잘할 수 있는 일, 궁극적으로 남을 위해 할 수 있는 일을 찾으려고 노력했다. 책 속에 길이 있었다. 드디어 내가 좋아하고 잘할 수 있는 일을 찾았다.

'심리상담사가 되어 상처받은 영혼에 귀 기울여주는 사람이 되자. 그리고 심리상담 관련된 책을 써서 내적 갈등을 겪는 내담자들에게 도움을 주자.' 내가 좋아하고 잘할 수 있는 일이라는 확신이 들었다.

목표를 위해 50대 늦은 나이에 심리상담 대학원에 입학했고 졸업을 했다. 틈틈이 여행과 등산을 하면서 글을 썼다. 그 책이 지금 쓰고 있는 《한 번쯤은 내 맘대로》이다. 이렇게 내가 하고 싶은 일을 하면서 살다 보니 막연하게 생각만 했던 반자연인의 길이 열렸다. 평온한 삶을 누릴 수 있는 일과 나만의 세상을 만들기 위한 반자연인의 생활을 꿈꾸고 준비하고 있다.

이 글은 여행하면서 만난 사람들의 이야기를 썼다. 지금 행복하게 사는 이야기, 가깝고도 먼 가족들의 이야기, 고난을 극복하고 삶의 안정을 이어가는 청년과 시니어 이야기, 살아가면서 없어서는 안 될 친구 관계로 이어졌다.

모든 사람들은 전혀 다른 문제와 고민을 안고 살아가고 있다. 그 문제와 고민을 공유하면서 인생이 변하는 순간이 올 때는 희망과 용기를 가지고 앞날을 개척한 사람들의 사례를 기록했다.

불확실한 세상이다. 항상 상수가 있는 것이 아니다. 변수가 수시로 우리 앞에 나타난다. 이제는 부와 명예보다는 자신의 가치를 찾아 사회에 공헌할 수 있는 일을 하고 평온한 삶을 누릴 수 있는 자신만의 세상을 열어가기를 바라는 마음이다.

차례

"당신이 행복하지 않다면
집과 돈과 명예가 무슨 소용이 있겠는가?
그리고 당신이 이미 행복하다면
그런 것들이 무슨 소용이 있겠는가?"

_벵갈의 성자 라마 크리슈나

chapter 1

행복, 매일 웃겠다는
꿈을 꾸면서

상처받은 영혼에
귀 기울여주는 사람

파주 마장호수

양주시의 경계를 벗어나서 파주시의 호젓한 숲길을 조금 지나서 마장호수에 도착했다. 길 양쪽으로 곧게 치솟은 소나무가 작은 군락을 이루고 있었다. 전망대 건물 4층에 커피숍이 있었다. 더 높은 곳에서 내려다보고 싶어 커피숍에 들어갔다.

커피숍에 들어가자 마장호수가 한눈에 잘 내려다보였다. 호수는 푸르른 산으로 둘러싸여 있고, 짙고 엷은 초록의 나무들이 호수를 굽어보고 있었다. 주변의 산과 호수의 자태가 모두 수려했다. 물끄러미 바라보고 있자니 어수선한 마음이 어느덧 차분해졌다.

경치에 감탄하면서 커피숍을 나오니 눈이 전망대 1층 매점으로 쏠렸다. 그곳에서는 프란치스코 교황이 간식으로 즐겨 드신다는 마늘빵을 팔고 있었다. 빵과 칡즙을 사서 데크에 앉아 늦은 점심을 대신했다. 주먹보다 큰 크기의 빵은 아주 부드럽고 마늘 향이 그윽했다. 빵이 입안에서 사르르 녹는 느낌이 퍽 즐거웠다.

전망대 건물 앞에 있는 출렁다리로 향했다. 호수를 길게 가로지

른 출렁다리의 길이가 제법이어서 꼭 지나가 보고 싶었다. 입구에서 인증사진을 찍고 다리로 진입했다. 마치 호수 위를 걷는 기분이었다. 함께 다리를 건너는 관광객들도 나처럼 들뜬 표정이었다. 평일이라 사람이 많지 않았으나 외롭지 않을 정도로 사람들이 보였다. 두둥실 떠 있는 기분을 즐기고 싶어서 일부러 힘을 주어 발을 구르듯이 걸었다. 다 지나서 땅에 발을 디디자 벌써 끝났나 싶어 아쉬웠다.

마장호수에는 둘레길이 조성되어 있다. 전체 길이 3.3km인데 대부분은 데크가 깔려 있어 걷기가 편하다. 산과 바로 연결되는 구간은 야자수 껍질 매트가 깔려 있다. 이제는 둘레길을 걸어볼 참이었다. 길가에 늘어선 나무와 흐드러지게 핀 꽃을 보면서 걸어가니 머리가 상쾌해졌다. 호수를 굽어보니 성인의 팔뚝만 한 물고기들이 유유히 헤엄치고 있었다. 지나가는 관광객들 중 누군가가 "소주 안주로 좋겠다."며 입맛을 다셨다. 슬그머니 웃음이 나왔다.

드넓은 호수 너머로 고즈넉한 고령산과 팔미봉의 풍광이 아름다웠다. 계속 걸어 나가자 수상레포츠 계류장이 나타났다. 이곳에서는 카누, 카약을 즐길 수 있고 수상 자전거를 이용할 수도 있다. 수상 자전거를 이용하는 관광객들의 모습이 여유롭게 보였다.

호수와 신록의 산을 보면서 둘레길 전체를 돌고 나니 다리에 뻐근함이 느껴졌다. 그와 동시에 온몸이 개운하고 홀가분했다. 장시간 트레킹을 해본 사람들이면 모두 느낄 수 있는 행복감이었다. 마장호수 전체를 돌아보고 오늘 숙박지인 영수의 집으로 출발했다. 트레킹을 마치고 들르겠노라고 약속해놓은 친구였다. 호수를 떠나 30분 정도 운전해서 도착했다.

영수의 집은 본채와 그 뒤편에 농막과 텃밭을 갖추고 있었다. 도시의 편리함과 전원을 동시에 즐기면서 살기에 적합해 보였다. 농막은 본채와 꽤 떨어져 있어서 독립공간으로 이용할 수 있는 구조였다. 내가 도착했을 때는 영수 부부가 텃밭에서 가져온 오이, 고추, 상추, 쑥갓 등 유기농 야채와 같이 반주를 준비한 상태였다. 배가 고팠던 데다 채소의 신선한 향에 홀려서 정신없이 저녁을 해치웠다. 허기를 면하자 자연스럽게 이야기꽃이 피기 시작했다.

영수는 대단히 열심히 산 친구이다. 고등학교를 졸업하고 안 해본 장사 없이 이런 저런 일들을 다 했는데 하는 일마다 돈이 따랐다. 각종 행사장에 임시로 서게 되는 상설 점포를 운영하면서 돈을 모았다고 한다. 이때 모은 돈을 종잣돈으로 하여 업종을 바꿔서 설비사업에 뛰어들었고, 예상을 뛰어넘는 돈을 벌었다. 설비 관련 매장을 운영한 지 10년이 다 되어간다.

"요즘 지내기가 어때? 하는 것마다 잘 되니까 좋겠구먼."

"잘 되긴 뭐. 많이 번다고 밥 다섯 끼 먹는 것도 아니고. 그거보다는 가끔 옛날이 그립단 생각이 들어."

드넓은 호수 너머로 고즈넉한
고령산과 팔미봉의 풍광이 아름답다

"왜?"

영수의 말이 내 마음에 울림으로 다가왔다. 영화 〈자산어보〉에서 나오는 대사와 유사했다. 학처럼 살고 싶었지만 그렇게 살지 못했고 구정물, 흙탕물 다 묻은 것 같다고, 돈 없이 살던 시절처럼 검은색 무명천으로 사는 것이 더 재미있지 않았을까 싶다고, 이제라도 물질에 매이지 않고 홀가분하게 살고 싶다고 했다. 그래서 매장 운영보다는 텃밭에서 농사를 짓는 게 더 재미있단다.

물질에 매이지 않고 홀가분하고 싶다는 영수의 말은 빈말이 아니었다. 그는 돈을 벌어서 어려운 형제들, 친척들을 도와주었고 얼굴 모르는 사람들에게도 도움을 주고 있었다. 그렇게 돈을 쓰고 나면 어느새 채워지니 신기하다는 말도 하였다. 영수의 아내도 흙을 만지면서 살다 보니 욕심이 없어진다고 맞장구를 쳤다. 영수의 아내는 남편의 사업을 도우면서 돈 관리를 맡았는데 그것도 손을 떼고 남편에게 넘겼다고 했다. 대개 집안 곳간 열쇠는 서로 맡으려 하기 마련인데 이 부부는 그런 욕심이 사라졌나 보다. 신기했다.

대화를 나누던 중 몇 개월 전 돌아가신 철수 선배 이야기도 나왔다. 선배는 우리보다 나이가 2~3세 위였는데, 대형뷔페를 운영하는 사업가였다. 위치가 좋고 음식도 맛있어서 항상 손님이 넘쳐났다. "물 들어올 때 노 저어라."라는 말대로 다른 지역에 추가로 뷔페를 오픈했다. 개업식 날, 뷔페 앞에는 화환이 끝없이 진열되었고 축하객들도 발 디딜 틈이 없었다. 사회적으로 성공한 사람의 모습 그 자체였다.

그런데 선배가 사업장을 늘린 지 얼마 후 코로나 팬데믹이 터졌다. 사람들의 발길이 끊겼고 매출이 반 이하로 곤두박칠 치자 심각한 경영난에 직면했다. 선배는 잠을 이루지 못할 정도로 걱정했고 극심한 스트레스를 받았다. 몇 개월간 시달리던 선배는 어느 날 갑자기 사망했다. 말로만 듣던 돌연사였다. 이런 일도 다 있구나. 안타깝고 슬펐다.

"흔한 말로 인생 사는 게 정답이 없고 세상일은 아무도 모른다잖아. 선배만 봐도 그래. 그러니 그저 홀가분하게 사는 게 좋을 수 있어."

영수의 말에 고개를 끄덕였다. 주머니에 얼마가 있는지보다는, 오늘처럼 좋은 풍경을 보고 좋아하는 친구와 맛있는 음식을 먹으면서 편하게 얘기를 나누는 이 순간이 중요하다. 풀냄새를 맡으면서 친구 부부와 정겹게 이야기하다 보니 어느새 해가 떨어졌다.

영수 부부는 자리를 정리하고 안채로 들어갔다. 나는 잔디가 있는 마당에 의자를 펴고 앉아 생각에 잠겼다. 영수가 살아온 삶을 생각하면서 내 삶을 반추해보았다. 그와 나의 삶은 여러 면에서 닮아 있다. 나 역시 돈을 벌기 위해 가리지 않고 일했다. 사회적으로 인정받은 지위를 가지고 부유하게 사느냐 아니면 정반대의 삶을 사는가를 중요하게 생각했다. 그런데 지나고 보니 삶은 그게 다가 아니었다. 무엇을 했고 얼마나 이뤘느냐는 중요한 게 아니라 어떤 코스를 밟았던 최선을 다했다면 그것으로 족한 것이었다.

삶이 대립적, 투쟁적인 게 아닌데 나는 공연히 구분하려는 이분법적 사고에 익숙한 채 살아왔다. 지금도 이런 사고가 다 허물어지지 못했다. 부모로서 아이들을 가르쳐야 하는 의무를 다한 것 말고는 부족한 것투성이다. 이제부터는 구태의연한 이분법에서 벗어나 자유로운 삶을 살아가고 싶다. 낮에 보았던 마장호수처럼 자연 친화적으로 살아가고 싶다.

자발적인 은퇴 이후 의미 있고 재미있게 살아가기 위해 무한 여행을 하고 있다. 입으면 기분이 좋고 품이 나는 옷을 찾듯이 나에게 적합하고 즐거운 일이 무엇일까를 쉼 없이 고민해왔다. 그동안의 의무감에서 벗어나 가진 것에 만족하고, 하고 싶은 일을 하며 기분 좋은 인생을 살고 싶다. 심리상담사가 된 것이 바로 이 때문이다.

심리상담사는 내가 오래전부터 하고 싶었던 일이다. '상처받은 영혼에 귀 기울여주는 사람'이 되고 싶었고 마음의 상처를 치유하는 글을 쓰고 싶었다. 그러나 생계 때문에 실천은 하지 못하고 포기했었다. 그러다가 2년 전 50대 후반의 나이에 뒤늦게 심리상담 대학원에 입학해서 공부를 시작했다. 공부를 마치고 나서는 상담소를 열었고 내적 치유를 원하는 사람들을 만나는 일을 하는 중이다.

대학원 공부를 하면서 《논어》에 나오는 "배우고 익히면 또한 기쁘지 아니한가?"라는 구절을 뼈에 사무치게 느꼈다. 공부가 너무 즐거웠고, 나 자신을 찾아서 여행하고 그날 저녁 기록을 하면서 에너지가 샘솟았다. 《논어》에 "아는 것은 좋아하는 것만 못하고, 좋아하는 것은 즐기는 것만 못하다."라는 말이 있다. 내 삶이 이렇게 흘러가고 있는 것 같아 기뻤다. 뒤늦게 찾은 삶의 의미는 나를 어디로 데려가줄까? 아직은 알 수 없지만 기대감만큼은 밤하늘을 수놓은 별처럼 반짝였다.

40년 만에 알게 된 원인

예산 추모공원

오늘 부모님 산소에 가는 날이다. 비가 내리고 있어서 망설였지만, 순간 비가 소강상태로 바뀌자 자동차 시동을 걸었다. 출발하고 오 분도 지나지 않아서 다시 비가 다시 내리고 빗줄기가 조금씩 굵어지고 있었다. 잦아들 기미를 기대했지만 '나도 기분이 안 좋아서 할 수 없다.'는 식으로 더 거칠게 쏟아지는 것 같았다. 차의 윈도 브러시 속도는 빠르게 움직였지만 주행 속도는 서서히 달리고 있었다. 지난해부터 시작한 코로나19로 인해 수천 년 이어오던 설 명절에도 거리두기가 실시되어 가족 간의 만남도 자제해 줄 것을 정부에서 권장하는 시대가 되었다. 정부 정책에 부응하고 코로나19 예방을 위해 우리 집안도 예외는 아니었다. 부모님의 기일에는 항상 가족들이 모여서 추모행사를 했지만 작년부터 우리 부부가 단 둘이서만 제사를 모셨다.

며칠 후 아버지 기일이다. 충남 예산 추모공원에 모셔진 부모님 산소에 성묘를 명절과 기일마다 가곤 했는데 항상 바쁘게 되돌아오는 바람에 추모공원 옆에 있는 예당호 관광지를 돌아본 적이 없었다. 오늘은 성묘 후 돌아보기로 계획하고 있었다. 평택에서 출발하여 한 시간 정도 소요한 예산 추모공원에 도착했다. 그사이 빗줄기는 약화되어 이슬비로 변했다. 엄청난 규모의 추모공원에는 수많은 고인들이 잠들어 계신다. 그 위로 봄비가 소리 없이 구슬프게 내리고 있었다. 부모님 산소에 도착하여 우산을 쓰고 묘소를 물끄러미 바라보았다.

8남매의 장남이셨던 아버지, 5남매의 장녀이셨던 어머니, 허리 펼 시간 없이 평생 고생만 하시다 돌아가신 두 분의 고단한 삶을 생각하니 마음이 숙연해지고 눈가에는 이슬이 맺혔다. 옛날에는 어른들의 중매로 얼굴도 보지 않고 신부는 가마 타고 시댁에 가서 결혼식을 올리고 사는 시대였다. 어머니는 가마를 타고 산골 중의 산골에 바닷가가 붙은 시골 마을에 시집을 가셨다. 그 당시 두 분 나이가 모두 약관 이십 세였다. 결혼식을 올리고 보니 이십 세의 아버지 아래로 두세 살 터울 동생이 다섯 명이나 있었고 마지막 동생이 8살이었다. 거기다가 할머니는 지독한 성격으로 눈물 없이 하루도 지낼 날이 없을 정도로 시집살이를 시켰다. 거기에 또 기구한 운명이 어머니를 기다리고 있었다.

어머니가 큰딸을 출산한 다음 해에 할머니가 딸을 낳았고 어머니가 형님을 출산한 다음 해에 할머니는 아들을 낳았다. 그래서 나에게는 누나가 고모보다 한 살이 많고, 형님이 작은아버지보다 한 살이 많았다. 옛날에는 그런 경우도 있다고 하지만 흔치 않는 일이었다. 지독한 할머니의 구박 아래 산후조리도 못 하시고 밭에 나가 일을 해야 했다. 특히 할머니는 숨 쉴 시간을 주지 않고 어머니를 닦달하였다. 어머니의 마음고생과 육체적 고통은 이루 말로 다 할 수 없었을 것이다. 가난한 집에서 아버지의 동생들과 누나와 형님을 포함하니 아이들만 열 명이 되어버린 집안, 엎친 데 덮친 격으로 아버지는 영장이 나와서 군대에 가시고 말았다. 그 당시의 어머니의 고생을 생각하니 한숨이 저절로 나왔다.

아버지의 제대 후 누나는 여섯 살, 형님은 세 살, 나는 한 살이었다. 할머니의 눈치와 식량부족 등으로 어머니는 어쩔 수 없이 어린 누나와 형을 외할머니댁에 보내서 키워야 하는 생이별을 겪어야 했다. 당시 나는 한 살이었다. 누나와 형이 어머니와 헤어져 외갓집으로 떠나는 것을 보았다. 그 이후 나는 말문을 닫아버렸다. 전혀 울지도 않았다. 말 못하는 어린 나이에는 우는 것이 의사 표현의 수단인데 아무리 배가 고파도 울지 않았다고 한다.

세 살, 네 살이 되고 다섯 살, 여덟 살이 되어서도 동네의 또래 아이들과 놀지도 않고 방에만 틀어박혀 지냈다. 창문을 열어두고 허공만 쳐다보고 있었다고 어른들이 나의 어린 시절을 이야기했다. 설이나 추석에도 아이들과 제기차기나 보름날 불놀이도 하지 않고 혼자만 방에 있었다. 그렇지만 할머니나 부모님 말을 백 프로 잘 듣는 아이였다. 특히 할머니의 말은 죽는 시늉까지 하였다. 어른들은 내가 말을 안 하니까 '벙어리 되면 어떡하지?' 하는 걱정까지 했고 '커서 사람 구실을 할 수 있을까?'라는 염려를 많이 했다고 한다. 아동기적 생활 습관은 성장하면서도 또 사회생활에서도 그대로 나타났다.

초등학교 시절에는 집에서나 학교에서나 거의 이야기를 하지 않고 친구들을 사귀지도 못했다. 오로지 혼자 지냈다. 특히 여학생 앞에서는 말과 행동이 더 부자연스러웠다. 여성 앞에서는 어른이 되어서도 마찬가지였다. 그렇지만 학창 시절에는 선생님께 순종했고, 사회생활에서 상사의 지시에 순응했다. 그래서 직장생활에서는 긍정적이라는 평가를 들었고 상사와의 관계도 아주 좋았다. 그렇다고 해서 속마음을 털어놓고 지내는 사이는 아니었다. '상명하복' 그뿐이었다. 나는 성장하면서 '어린 시절 왜 말도 안 하고 지냈을까? 혼자만 지냈을까? 대인공포증이 있었을까? 왜 할머니 말에는 그렇게 순종 했을까?' 하는 의문을 항상 가지고 살았다.

중년으로 생활하던 어느 날, 최일도 목사가 쓴 《가족이기에 조금씩 놓아주기》라는 제목의 책을 읽었다. 그 내용 중에 수십 년 만에 심리상담을 통해서 내면의 상처를 치유한 정태기 박사의 이야기가 있었다. 정태기 박사는 어린 시절 가족과 같이하는 식탁에 생

선 반찬이 올라와 있었는데 너무나 먹고 싶었다. 그러나 아버지가
그 생선에 손을 대지 않으니 먼저 먹을 수가 없었다. 긴 시간을 기
다리다 아버지가 안 드신다고 생각한 그는 생선을 들었다. 그 순간
아버지께서 "이런 버릇 없는 놈 같으니!"라고 큰소리를 쳤다. 수저
로 머리를 때리고 밥상을 엎어버렸다.

소년은 그길로 칼바람 부는 갯바위까지 도망쳤다. 그리고 바위
위에 서서 엉엉 울음을 터뜨렸다. 한겨울의 바다는 몹시 추웠다.
춥고 배고프고 아팠다. 바닷가 한구석의 갯바위에서 소년은 사시
나무 떨듯 몸을 떨었다. 한겨울 바닷바람보다 차갑고 비수보다 날
카로운 아픔이 소년의 가슴을 오래오래 떨게 만들었다. 그날 이후,
소년은 대인공포증을 얻고 말았다.

그는 미국으로 건너가 심리학 박사과정을 공부하던 중 지도교
수와의 만남을 통해서 내면의 상처와 화해할 수 있었다. 내면의 상
처는 직접 드러내 마주하지 않으면 씻을 수도, 화해할 수도 없다는
내용이었다.

이 글을 읽고 나에 대해서 알고 싶어졌다. 내용은 다르지만 상
황은 비슷했다. 살면서 궁금했던 내용들이 증폭됐다. 한 살의 아이
였지만 할머니 때문에 누나와 형이 어머니와 헤어지는 모습을 보
면서 말문을 닫아버린 나, 여성 앞에서는 괜히 주눅이 드는 것 같
은 나, 친구들과는 잘 어울리지는 못하고 상사의 의도는 먼저 잘

알아서 처리하는 나. 이런 나에 대해서 궁금해지고 진정한 나를 찾고 싶은 마음이 간절했다. 고민 끝에 심리상담센터를 찾았다. 몇 회기의 초기 상담이 끝나고 중간상담 단계에서 상담 선생님이 질문을 던졌다.

"한 살의 아이가 왜 말문을 닫아버리고 울지도 않았을까요?"

갑자기 머리가 멍해졌다. 온몸에 힘이 빠지고 정신이 희미해지는 것 같았다. 한동안 침묵이 흘렀다. 상담 선생님은 조용히 지켜보고만 있었다. 몇 분이 더 지났는지 모른다. 갑자기 눈물이 나오면서 말이 나왔다.

"엄마와 살고 싶어서요."라며 울먹이는 소리로 말했다.

"그때 느낀 감정은 무엇인가요?" 한동안 말문이 막혔다.

"두려움 같은데요."

"아닌 것 같은데요. 더 생각해보세요."

십 분 정도의 시간이 지난 후 가슴이 울컥하면서 눈물이 쏟아졌다. 너무도 큰 설움이 올라오는 것 같았다. 울면서 말했다.

"공포네요."

"무슨 공포죠?" 하고 집요하게 묻는다.

그 순간 나는 나도 모르게 큰소리로 울고 말았다.

"엉, 엉, 엉." 울면서 대답이 저절로 나왔다. "버려짐에 대한 공포요."라고 말하며 흐느꼈다.

'무서웠지, 아이 때 엄마와 떨어지는 것은 죽음이나 같지. 그래

서 엄마를 힘들지 않게 하기 위해 말문을 닫아버렸구나.'

나는 계속해서 울고 있었다. 아니, 내가 우는 것이 아니라 내 안에 있는 상처받은 내면의 아이가 울고 있었다. 그는 내 안에 있는 한 살짜리 또 다른 나였다.

어린 시절 내가 울고 보채면 어머니가 나를 돌보기 위해 신경을 써야 할 것이고 그렇게 되면 집안일을 안 한다고 할머니는 어머니를 괴롭힐 것이 뻔했다. 나도 외갓집으로 보내질 수도 있다는 공포심, 버려짐에 대한 공포 때문에 말문을 닫아버렸다는 사실을 40년 만에 알았다. 그때 마음속에 만들어졌던 커다란 공포심이 표출되고 있는 것이었다. 비록 한 살의 나이었지만 나의 의식에는 다 알고 있었던 것이었다.

그 상담을 통해서 40년 넘게 간직한 상처의 원인을 알 수 있었다. 아동기 때 할머니 앞에서 주눅이 든 게 습관이 되어 여성 앞에서는 그 당시로 돌아가곤 했다. 학창시절에는 선생님, 사회생활에서는 상사의 말에 순종하여 긍정적이라는 평가를 듣기도 했지만 실제로는 무의식에 습관화된 권력자에 대한 복종이었다. 나는 수십 년 전에 할머니로부터 뿌리 깊은 상처를 씻어내고 화해하였다. 40년 동안 마음속에 간직한 공포를 토해내면서 심리상담의 위대함을 맛보는 순간이기도 했다. 나의 모든 의문이 풀렸던 기억이 났다.

상담대학원에서 공부할 때 대상관계 이론에 대해 배운 적이 있다. 대부분의 사람들은 관계의 문제를 현재의 상황에서 고민하는데, 근본적으로는 어린 시절부터 성장하면서 주 양육자(주로 부모)와 관계를 살펴봐야 한다. 부모와의 애착 관계 형성이 잘 되면 부모를 통해 3세 이내에 대상 항상성이 잘 형성되어 성인이 되어서도 인간관계를 잘 할 수 있다. 현재의 인간관계는 이미 과거에 이루어진 관계의 영향을 받는다고 대상관계 이론에서는 말하고 있다.

간단히 준비한 음식을 차리고 절을 했다. 돗자리에 그대로 앉아 합장된 산소를 물끄러미 바라보았다. 어머니는 당신의 딸, 아들은 친정에 보내고 시어머니의 딸, 아들을 키워야 하는 여인이 되었지만 할머니의 시집살이는 도를 넘었다. 그 당시의 시대 상황에서 어떻게 할 도리가 없었다.

어머니는 진성의 노래 제목 〈동전 인생〉의 가사 일부처럼 눈물방울을 삼키며 자식을 위하여 모진 세월을 견디며 살아오셨다. 어머니의 한과 아버지의 고독을 그대로 직면하고 있었다. 두 분을 생각하니 이슬비보다 굵은 눈물이 나오면서 심하게 훌쩍거렸다. 처음으로 부모님 마음을 고스란히 만나는 순간이었다. 정서적으로 부모님과 교감을 나누지 못한 일들이 너무나도 큰 아쉬움으로 다가왔다.

"고단하고 지친 삶에 얼마나 힘드셨습니까? 효도를 못해 미안합니다."라고 울먹였다. 한참을 옆에서 지켜본 아내는 내 손을 잡으면서 "다시 부모님을 볼 수 있다면 얼마나 좋을까요."라고 말하면서 나를 일으켰다. 꿈에서라도 부모님과 다시 만나기를 바라는 마음으로 일어서는데 비가 그친 하늘은 파랗게 변해 있었다.

아버지의 속 깊은 사랑 같은 봄비

예산 예당호

산소에서 정신적 역동이 너무 격정적이어서 예당호 관광을 하고 싶은 마음이 모두 사라져버렸다. 게다가 비는 서서히 그쳐가고 있었지만 봄바람은 다소 차갑게 느껴졌다. 시간을 보니 12시가 훨씬 지나고 있었다. 몹시 허기짐을 느꼈다. 성묘를 올 때마다 들르는 호수 주변의 매운탕 집에 들르니 주차할 장소가 없고 초만원이었다. 다른 매운탕 집도 만원사례는 마찬가지였다. 어쩔 수 없이 차를 움직이다 보니 예당호 관리사무소 앞에 왔다.

포차 거리에서 순대와 떡볶이로 점심을 대신했다. 무겁고 숙연한 마음은 계속되었다. 아내가 운전을 잘하니 귀가 시 음주 운전 걱정은 없어서 막걸리 한 병을 시켜 한 잔씩 마셨다. 아내는 말없이 술을 따라 주었다. "마음이 무거우면 그냥 돌아가도 괜찮아요, 기분전환도 해야 되니 한 바퀴 도는 것도 나쁘지 않고요."라고 말했다. 나는 말없이 막걸리 한 병을 비웠다. 상당한 시간이 지났다.

아내에게 말했다.

"서로 약속한 일이니 한번 돌아보고 갑시다." 포차 거리는 한가했지만 머리는 복잡했다. 예당호는 국내에서 가장 큰 저수지다. 웅장하게 보이는 출렁다리 현수교는 예당호를 대표하는 관광 명소로 자리매김하고 있다. 그 주변에 호수를 따라 데크길로 연결된 '느린 호수 길'과 조각공원이 연결되어 있었다. 출렁다리는 호수 위로 연결되어 있어 예당호의 경관을 360도로 관망할 수 있었고 걷는 동안 다소의 출렁임도 있어서 긴장과 흥분을 맛보기도 했다. 출렁다리를 걷고 난 후 느린 호수길을 걷기 시작했다.

느린 호수길은 예당호 수문 둘레길, 출렁다리길, 수변 테마길, 생태 테마길로 명명되어 4개의 길로 7km의 호수길이 이어져 있다. '느리게 걸으며 일상을 배우고 여유를 채울 수 있는 곳'이라는 의미를 가지고 있다. 이 길은 가족 혹은 연인 그리고 친구들과 편안하게 그리고 여유를 가지고 걸을 수 있는 아름다운 경관을 가진 곳이다. 호수가 너무 넓어서 해변길이라고 해도 괜찮을 정도였다. 수변 테마길을 걸으면서 호수를 바라보니 청둥오리 한 마리가 물 위를 걷고 있었다. 외롭게 보이기도 했지만 정작 청둥오리는 행복한 표정으로 망중한을 즐긴다는 표정을 하고 있는 듯했다. 그 오리는 물에 앉아 평화롭게 보이지만 물속에 감춰진 발은 그 상태를 유지하기 위해 수없이 움직인다. 그를 보면서 내가 살아온 인생처럼 그도 쉼 없이 생존을 위해서 움직이는 것 같아서 안타까운 마음이 들었다.

호수의 평온함에 격정적이었던 내 마음도 편안해지는 것 같았다. 그 길옆에 조성된 공원에는 쉼터와 가족 단위로 즐길 수 있는 시설들이 깔끔하게 조성되어 있었다. 꽃밭에는 형형색색의 팬지꽃이 피어 있었다. 팬지꽃은 이곳의 포인트가 되어 공원을 한층 더 빛내 주고 있었다. 꽃들도 환한 미소를 머금고 관광객을 환영해주는 듯 보였다.

잠시 정자에 앉아 동양최대의 호수를 응시했다. 보슬비 속에 뿌옇게 피어오르는 물안개는 깔끔하게 조성된 데크길과 동산의 신록을 감싸며 비 온 뒤의 청아함을 느낄 수 있게 해주고 있었다. 이곳은 삶에 지친 방문객에게 휴식을 취할 수 있도록 만든 관광지이자 쉼터의 역할을 하기에 충분한 곳이었다. 세 개의 테마길을 걸었다. 한참을 더 걸으니, 예당호 휴게소에서 이어지는 조각공원이 자리 잡고 있다. 그 아래에 있는 카페는 전망대 역할을 하면서 관광객에게 커피와 빵 그리고 휴식과 추억을 제공하고 있었다.

카페에 들어가 내려다보니 전체 경관이 한눈에 내려다보였다. 호수와 숲과 산에 물안개가 휘감아 도는 것이 예술 작품처럼 보였다. 차분하고 편안한 마음으로 진한 커피향을 맡으며 아내와 양가 가족사에 대한 이야기가 자연스럽게 나왔다. 조용히 있던 아내가 "가족은 부모의 영향을 그대로 받으며 그 기질적인 요소들도 자손에게 영향을 주는 것 같다."며 나에게 부모님의 성격 중 어떤 면을 많이 닮았는지 물었다.

부모님은 한없이 착하고 성실하셨지만 꼭 그것이 좋은 것만은 아니라는 생각이 들었다. 살다 보면 안하무인으로 오기, 억지 주장을 하는 사람들과 순간적으로 부딪칠 때가 있는데 아버지는 그들과 강하게 맞대응하지 못하고 뒤로 물러서거나 화해 제스처로 대응하는 것을 자주 보았다. 지금 생각하니 나도 그 영향을 많이 받았다. 그래서 항상 눈에는 눈, 이에는 이로 대응해야 된다는 생각은 하지만 막상 그런 상황이 오면 한 발 물러서는 경향이 있었다. 대학원 시절 지도교수로부터 정신분석을 받으면서 나도 그렇게 되어 있다는 것을 알게 되었고 그 부분을 고치기 위해 부단한 노력을 했던 기억이 있다고 말했다.

"상대가 안 되는 사람과 굳이 대응해서 문제를 일으키는 것보다는 피하는 게 효율적일 때가 있어요."라고 아내는 내 입장을 두둔해주었다.

그러면서 "1970년 그 당시에는 농촌에서 도시로 나오기가 무척 힘들었는데 부모님께서 결단을 하셔서 도시로 이사한 건 대단한 결심을 하신 것 같아요."라고 말하며 그 과정을 듣고 싶은 표정을 지었다.

부모님은 34년 동안 두메산골에서 생활하시다가 도시로 이사를 하셨다. 도시의 가장 가난한 지역의 비탈길 꼭대기에 있는 월셋

방 하나를 얻어 여섯 식구가 살았다. 그 당시는 모두 다 그렇다고는 하지만 그중에서도 너무나 극빈자에 속하는 영세민 계층이었다. 내 나이가 지금 60인데도 삶이 두렵고 무엇을 하면 잘될까? 안 되면 어떡하지 하는 걱정이 앞서는데, 그 당시 34세 부모님은 시골에서 농사 일을 하시다가 할아버지로부터 아무것도 물려받은 것 없이 도시로 나오셨다. 그때의 부모님 심정은 두려움을 넘어서 생존의 공포감을 느끼면서도 '도시로 나가서 자식들에게 학교라도 보내자.'라는 인생의 중대한 결심을 하셨을 것이다.

아버지와 어머니는 성실과 정직의 표상이었다. 부모님은 법 없이도 살 분이라고 생각했는데 그것이 아니었다. 법이 있어야 법으로부터 보호를 받고 살아야 할 분이셨다. 부모님은 외로움과 쓸쓸함이 땀이 되어 항상 등 뒤가 젖어 있으셨다. 그때는 몰랐는데 오늘에야 그 실체가 내 가슴으로 파고들었다.

"지금이라도 부모님과 정서적인 교류를 하게 되어 다행이네요. 여러 가지 내면의 감정들이 많이 일어난 것 같아요."라고 말하며 아내는 따뜻한 눈빛으로 나를 바라보았다. 정말 예상치 못한 하루였다. 생각하지도 못한 정서적인 역동을 경험했다. 가끔 들리는 산소인데 오늘은 나도 깜짝 놀랐다. 부모님과 심적으로 하나가 되는 계기가 되었다. 갑자기 다른 사람과의 관계도 마찬가지라는 생각이 들었다. 너무 계산하고 이해관계를 가지고 만나는 것보다 자연스러

운 만남에서 서로를 이해하고 알다 보면 각별한 사이가 되고 인연
이 된다는 것을 부모님과 감정을 나누면서 다시 한번 깨달았다.

　　오늘 부모님 산소에서 상처받은 내면의 아이가 울고 있는 모습
을 보았고 예당호에서 내 안의 또 다른 나를 치유하는 시간이었다.
추모공원에서 포근함이 느껴지는 것은 어머니의 따뜻한 마음을,
소리 없이 내리며 가뭄을 해갈해준 봄비는 아버지의 속 깊은 사랑
을 보는 것 같았다.

용서는 가장 큰 수행이다

제주 한담해변 산책로

"당신이 행복하지 않다면 집과 돈과 명예가 무슨 소용이 있겠는가?
그리고 당신이 이미 행복하다면 그것들이 또 무슨 의미가 있겠는가?"

– 벵갈의 성자 라마니크리슈나

제주 애월의 명소 한담해변 산책로를 가기 위해 해변으로 내려
갔다. 몇 년 전에 와본 곳인데 아주 좋은 인상을 받아서 다시 한번
가보고 싶었다. 뚜렷하게 기억이 나지는 않았다. 제주 애월은 가수
이효리가 살면서 방송용으로 게스트하우스를 운영했다. 여행객들
의 신청을 받아 게스트하우스에 묵으면서 〈효리 민박〉 방송을 해서
전국적으로 유명해진 곳이다.

방송 프로그램이 종료된 후에도 손님들이 너무 많이 찾아와서
이효리 씨는 개인 생활을 할 수 없게 되어 다른 곳으로 이사를 했
다고 한다.

해변으로 내려가기 직전 가게에서 산책로 길을 물으니 오른쪽

해변의 바다는 끝이 없었다.
바다의 모습은 가는 곳마다 달랐다.
바다의 색깔도 다르고, 제주에서만 볼 수 있는 현무암의 모양도 달랐다.

으로 가라고 안내를 해주었다. 아무런 의심 없이 오른쪽으로 걷기 시작했다. 이상한 느낌을 받으면서 계속 걸었는데 내가 생각했던 한담해변 산책로가 아니었다. 가게 주인이 반대로 알려주었는지 내가 반대로 알아들었는지는 모르지만 반대로 오고 말았다. 애월 해변을 걷고 있었다. 나의 눈치를 살피던 아내는 이곳도 좋으니 이 해변 길을 걷자고 위로 차원에서 제안했다. 못 이기는 척하고 계속 걷다 보니 애월항이 나왔다. 애월항은 일반 작은 포구와는 달랐다. 매우 크고 많은 선박들이 정박해 있는 대형 포구였다. 한국가스공사 건물이 우뚝 솟아 있었고 대형 방파제도 조성되어 있었다.

그렇지만 포구에 너무 많은 배들이 정박해 있었다. 배의 목적은 거센 파도를 헤치며 본연의 목적을 달성하는 것이지 안전하게 항구에 정박해 있는 것이 아니라는 글이 생각났지만 '각 배마다 사정이 있겠지.' 하는 생각을 하면서 걸었다.

계속해서 걷다 보니 고내 해변으로 길이 이어지고 있었다. 해변의 바다는 끝이 없었다. 바다의 모습은 가는 곳마다 달랐다. 바다의 색깔도 다르고, 제주에서만 볼 수 있는 현무암의 모양도 달랐다. 바다가 만들어내는 풍광도 가는 곳마다 바다 나름의 특징이 있었다. 해안도로를 걸으면서 수시로 변하는 해변의 풍광을 즐겼다. 걷다 보니 어느새 고내항에 도착했다. 시간을 보니 점심시간이 좀 빠른 것 같아서 길의 경사가 높은 곳에 공원이 있는 것 같았다. 걸어서 오르니 해녀 동상이 있고 자그마한 정자도 있었다. 그곳에서 바다의 풍광을 즐겼다. 정자에 앉아 뻐근한 다리에 휴식을 주고 세상에 부러울 것 없는 마음으로 탁 트인 바다를 바라보았다. 그동안의 시름과 고민들이 바람 소리와 함께 사라지는 것 같았다.

다시 고내항으로 돌아와서 바닷가 횟집으로 들어갔다. 싱싱한 자연산 회를 먹으면서 계획에 없던 애월 해변과 고내 해변을 생각하니 웃음이 나오고 마음이 가벼워졌다. 회를 안주로 소주 한잔 곁들이는 그 맛은 인생의 청량제였다.

점심을 끝내고 한담해변 산책로를 돌고 싶은 마음에 버스를 이용해서 다시 산책로로 돌아왔다. 오전과 반대 방향으로 돌았다. 산책길의 맛을 즐길 수 있었다. 오전과는 달리 수많은 관광객들이 북적거렸고 활기가 넘쳤다. 모두 다 평화롭게 바다를 즐기고 있었다. 카약을 즐기는 관광객들의 노랑 조끼는 바다를 노랑색으로 수놓은 것 같았다. 물이 너무 깨끗해서 바닷속의 모래를 셀 수 있을 정도로 맑았다. 이곳 산책로는 왕복 3km 정도의 거리로 시원한 바람과 조용한 바다가 여행객들을 편안하게 맞이하고 있었다. 탄성이 나올 정도로 아름다운 바다가 발아래로 펼쳐져 있었다.

이 산책로는 '한담 장한철 산책로'로 명명되어 있었다. 이곳에서 태어난 장한철은 영조시대에 과거시험을 보러 배를 타고 가다가 풍랑을 만나 일본 오키나와에 표착한 뒤 한양을 거쳐 귀향할 때까지의 일들을 적은 《표해록》을 썼다. 이 책은 당시의 해로, 해류, 계절풍 등이 실려 있어 해양지리서로서 문헌적 가치를 인정받고 있다고 기록되어 있었다. 산책로를 돌면서 따스한 햇살과 잔잔한 바다를 보면서 평화를 느꼈다. 커피숍이 늘어진 곳으로 올라서 가장 높은 커피숍에서 바다를 바라보며 사색을 즐겼다.

저녁에 숙소에 들어왔다. 뒤편 잔디밭의 데크에 삼겹살과 숯불이 준비되어 있었다. 숙박 첫날 게스트하우스 사장과 인사를 했는데 서로 갑장이라고 무척 반갑게 대했다. 오늘 일정을 끝내고 저녁을 같이하기로 약속을 해둔 상태였다. 자리를 잡고 서로 앉았다. 술잔을 기울이면서 살아온 과거에 대한 여러 가지 이야기가 시작되었다.

그는 전북 군산 출신인데 주로 해양 관련 기관에서 장기간 근무하고 5년 전 은퇴를 하여 게스트하우스를 운영하고 있다고 했다. 그는 바다가 있는 목포, 군산, 부산, 강릉, 제주 등에서 주로 근무를 했다. 제주에서는 1984년과 1999년에 근무를 했는데 1999년 근무 당시 이곳에 800평 땅을 저렴한 가격에 사두었다고 한다. 이후 타지역으로 발령으로 받아 근무를 했다. 다시 2016년에 다시 제주에 기관장으로 부임하였다가 이곳에서 2018년 정년퇴직을 했다. 정년퇴직 후 노후생활을 생각하다가 이 땅을 활용하는 방법을 연구하던 중 게스트하우스를 건축해서 5년째 운영하고 있다고 했다.

200평의 땅에 앞뒤로 건물이 자리 잡고 있었다. 두 건물 사이의 마당은 잘 조성된 잔디가 깔려 있었고 사각의 울타리에는 각종 나무들이 심어져 있었다. 4월에는 영산홍, 5월에는 장미와 철쭉, 6월에는 수국이 필 수 있도록 조성했다. 여행객들에게 편안하고 아름다운 이미지를 제공하려는 노력이 엿보였다. 그는 제주의 맛을 풍기기 위해 워싱턴 야자수를 구입해서 옮기려고 했었는데 가격은 적당하지만 옮기려면 포크레인을 불러야 하는 등 공사가 너무 커서 작은 워싱턴 야자수를 심었다. 그 작은 야자수를 가리키며 아쉬움을 표시했다. 그의 이야기를 들으니 그는 조경과 음악은 물론 스포츠에도 전문가 수준의 실력을 갖추고 있었다.

술이 어느 정도 들어가자 술기운도 오르고 잠깐의 침묵이 이어지면서 갑자기 분위기가 무거워지는 것 같았다. 갑자기 그가 "여기 건축 이야기를 좀 할게요."라며 이야기를 시작했다. 땅을 사고 20년 정도 지난 후 정년퇴직을 하게 되었다. 땅값은 수십 배로 뛰었지만 건축할 돈은 없었다. 직장 후배의 소개로 건축업자를 소개받았다. 건축할 돈이 없어서 그 업자에게 토지 400평을 돈 대신 건축비로 주고 400평의 땅에 게스트하우스 4동을 건축하기로 계약을 했다. 자신의 건물을 가지고 게스트하우스를 운영하면서 매월 돈이 들어온다는 생각, 그리고 이제는 조직에 얽매이지 않고 자유인이 된다는 꿈에 부풀어 한없이 즐거운 시간이었다.

그러나 즐거웠던 시간은 건축업자와 건축 계약할 때까지 한 달 정도뿐이었다. 그 이후의 생활은 지옥과 같았다. 건축을 하면서 도면을 조금만 변경하면 건축업자는 돈을 요구하고 중간에는 돈이 없다고 늦장을 부렸다. 심지어는 돈이 없으니 땅에 근저당을 설정하고 대출을 받아주면 공사를 하겠다는 어처구니없는 말을 해서 멱살을 잡고 싸우기도 했다. 준공 전에는 공사비가 더 들어갔다고 또 돈을 요구했다. 어쩔 수가 없는 일이었다.

공사 시작 이래 마음고생은 이루 말할 수 없이 심해갔고 몸과 마음은 피폐해졌다. 그를 자주 보는 친척들은 무슨 일 있냐고 너무 말랐다고 걱정을 했고 간혹 택시를 타면 택시 기사가 "아저씨 병원에 가야 될 것 같아요. 너무 안 좋아 보입니다."라고 할 정도였다. 말로 다할 수 없는 마음고생을 겪으면서 건물은 1년 후에 완성되었다. 주변의 이야기를 들으니 이 정도의 건물은 2개월 혹은 3개월이면 넉넉히 지을 수 있는 규모라고 건축 기간에 귀가 따갑도록 들었다. 건축을 했던 내가 자세히 보니 2층 건물에 외벽은 드라이비트로 마감되었고 옥탑방이 하나 있으니 2~3개월이면 충분히 완공할 수 있는 건물이었다.

조용히 듣고 있던 내가 "고위직으로 정년퇴직 하고 건축하시느라 마음 고생이 많았네요. 오장육부가 다 타고 말았겠어요. 건축업자 사기꾼을 만나서…"라고 말하자 그는 너무나도 반가운 표정을 하면서 "맞아요, 맞아. 사기꾼에 속아서 그 당시는 제대로 잠도 잘

못잤어요.”하면서 땅이 꺼질 것 같은 한숨을 쉬었다. 둘이 서로 건배를 하면서 그는 겨우 평정심을 유지하는 것 같았다. 그는 “군인, 공무원, 교사, 대기업 등 회사생활만 한 사람들의 돈은 사기꾼들이 가져가기 제일 쉽다는데 제가 그런 꼴입니다.”라며 헛웃음을 지었다.

“사기꾼에 속아서 분하시겠습니다. 그렇지만 20년 전 정말 싼 가격에 땅을 구입해서 망정이지 최근에 높은 가격에 땅을 샀다면 큰일 날 뻔했습니다.”라고 말하자 그는 “그렇죠, 그 점을 위안으로 살고 있습니다. 그래도 게스트하우스가 잘 돼서 은행에 이자 밀리는 일 없이 살고 있으니 다행으로 생각합니다.”라면서 안도의 표정을 짓는 모습이 어린아이처럼 귀엽게 느껴졌다.

“남을 속인 사람과 남에게 속은 사람 중 누가 더 나쁠까요?”지금까지 주로 듣기만 하던 내가 갑자기 질문을 던졌다. 그는 한 번도 생각해보지 않았다고 난처한 표정을 지으며 말을 하지 못했다. 한참을 기다린 후에 내가 다시 어느 스님의 글 중에 “화를 내게 하는 것은 상대방의 책임이고 화를 내는 것은 내 책임이다.”라고 말하자 “속이게 만든 것은 건축업자 책임이고 속은 것은 내 책임이라는 뜻이네요.”그는 심각한 얼굴로 나를 쳐다보았다.

그는 평생을 조직 생활만 했기 때문에 사회에 대해서 전혀 몰랐고 건축에 대해서는 무지의 수준이었다. “부하 사원의 친구라는 점만 믿고 이런 큰일을 건축업자에게 맡겼으니 잘못이 없다고 할 수는 없죠." 하며 갑자기 소주잔을 입안에 털어 넣듯이 소주를 마셨다. 그리고 벼락을 맞은 사람 같은 표정으로 멍하니 나를 바라보았다. 한동안 말이 없었다. 한적한 곳에서 제주의 밤은 적막강산이었다.

긴 시간의 침묵이 흘렀다. 한참 후에 "그렇네, 그렇네…"라는 말을 혼자 중얼거리더니 무언가를 깨달은 표정을 크게 지으며 나를 응시했다. 몇 년 전, 읽은 법정 스님의 책 중에서 "믿지 못할 사람을 믿는 것은 자신의 잘못이다."라는 글이 갑자기 생각나면서 정신이 혼미해졌다고 했다. 그리고 5년간 마음속에 굳었던 응어리가 스르르 녹아내려 가는 느낌을 받았고 그 순간에 건축업자가 용서가 되어 답답한 가슴이 시원해졌다고 했다. 우리는 한동안 말없이 서로 이심전심으로 고개를 끄덕였다. 건축 이야기를 초반에 격정적으로 쏟아냈던 그의 얼굴은 자비로운 성인의 모습으로 변한 것 같았다.

"미워하는 사람 내 맘속에 담고 다니느라 병만 생겼습니다."

"달라이 라마가 '용서는 가장 큰 수행이다.'라는 말이 있습니다."

우리는 뭔가를 크게 깨달음을 얻은 수행자처럼 의미 있게 마지막 곡차로 건배를 했다. 제주에서의 고요하고 평화로운 밤이었다.

"오늘은 친구 덕분에 맘 편하게 잠을 잘 잘 것 같아."라고 말하는 그를 밤하늘의 별들도 응원해주는 것 같았다.

초보 자연인과
예비 자연인의 만남

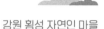

강원 횡성 자연인 마을

며칠 전 병철이를 만났다. 한참 세상 돌아가는 이야기를 하다가 내가 말을 건넸다.

"요즘 TV 프로그램에 자주 나오는 〈나는 자연인이다〉를 해보는 것도 괜찮을 것 같아."

"자연인이 쉬운 줄 알아, 땅은 있고 농사에 재주가 있나?"

"전혀 없는데 배워가며 해야지. 나 혼자 할 수는 없고 누가 조수로 써주면 1년쯤 배우다 계속할지를 결정해야지."

"놀고 있네, 누가 그렇게 해준대?"

"너는 강원도 시골 출신이니 시골에 아는 사람이 있으면, 소개 좀 해주면 안 되나?"

한참을 말이 없이 병철이는 커피를 마시면서 말없이 나를 바라보더니 빙그레 웃기만 할 뿐 아무 말도 하지 않았다. 급할 것 없으니 천천히 생각해보라고 했다. 한참을 말없이 있던 병철이가 생각이 났다면서 내일 강원도 횡성에 가자고 했다. 횡성에 교사를 퇴직하고 부모님으로부터 땅 2,000평을 물려받아서 자연인으로 사는 친구가 있는데 그 친구를 만나 보면 답이 나올 것 같다고 했다. 나는 두말없이 찬성했다.

다음 날 아침, 캠핑 도구를 챙겨서 병철이와 횡성으로 출발했다. 휴가철이라 고속도로 정체는 심했지만 설레는 마음에 그 자체도 즐거웠다. 평소 1시간 거리를 3시간 걸려서 강원도 횡성에 도착했다. 꼬불꼬불한 산길을 돌아 돌아 10분 정도 올라갔다. 다시 개울가 다리를 건너 산쪽으로 진입하는데 국선이가 밀집모자를 쓰고 손에는 삽을 들고 그 위로 올라가고 있었다. 전형적인 자연인 모습이었다. 길이 끝나는 지점에 차를 세우자 그는 우리를 보지 못하고 농막으로 들어가다가 차 소리를 듣고 되돌아서 반갑게 맞이했다. 병철이와는 고등학교 동창이고 교사를 하다가 같은 시기에 명예퇴직한 죽마고우였다.

병철이가 전화로 소개를 했는지 그는 밭과 산을 먼저 보자고 하면서 친절히 안내를 했다. 밭과 연못, 동산 등 이곳 전체를 설명을 들으면서 돌았다. 견학을 마치고 시원한 동산으로 올라가서 차를 한잔했다. 우선 숙소를 만드는 것이 급해서 동산에 텐트 칠 곳에 삽과 곡괭이 쇠스랑으로 땅을 고르고 텐트를 치고 타프를 설치하니 한 채의 집이 완성되는 기분이었다. 200평 정도의 동산은 솔밭으로 되어 있고 약간 오르막이 있는 정상은 전체 2,000여 평의 밭이 내려다보이고 그 앞으로 양물산이 능선을 이루고 있었다. 그 위로 새파란 하늘이 열려 있다.

텐트 설치가 끝나자 땅거미가 밀려오기 시작했다. 국선이는 태양광 가로등을 야외에 내걸었다. 준비해 온 반찬들에 삼겹살을 구워서 소주 한 잔을 곁들였다. 서로 인사와 소개가 간단히 끝나고 국선이에게 여기에 들어오게 된 사연을 듣고 싶다고 했다. 술 한 잔을 들이킨 다음 그의 이야기가 시작되었다. 이곳은 40년 전에 부모님이 농사를 짓던 곳인데 그대로 두고 서울로 이사해 교직 생활을 했다.

부친이 돌아가실 때 재산분배를 했는데 그 당시에는 땅값이 얼마 가지도 않았고 누이들도 큰 관심을 두지도 않아서 자연스럽게 상속을 받았다. 3년 전 교직을 명예퇴직했다. 몇 달을 쉬다 보니 무료하고 지루했다. 무엇인가 생산활동을 해야겠다는 생각이 들었지만 마땅히 할 일이 없었다. 우선 이곳 땅을 처분하려고 했는데 아무리 노력을 해도 팔리지 않았다. 그러던 중 〈나는 자연인이다〉 프로를 자주 보면서 자신이 농사를 지으면서 그곳에 가서 살까 하는 생각이 들었다. 그는 이곳에 와서 텐트를 치고 어떻게 할까, 고민을 하고 있는데 초등학교 시절 아랫집에 살았던 동네 형이 부산에 살다가 귀향하여 살고 있었다. 농사 계획을 이야기했더니 그 형이 잘 생각했다며 적극 도와주겠다고 했다. 수시로 그 형과 만나 계획을 세우기 시작했다.

우선 진입로가 문제였다. 이곳에 진입하기 위해서는 도랑을 건너야 되는데 도랑의 깊이가 1m 정도 되기 때문에 차량은 물론 물건 하나도 옮기기가 매우 불편했다. 그리고 40년을 방치해둔 밭이었기 때문에 수백 그루 나무들이 자라 있어서 이 나무들을 잘라내는 일도 큰일이었다. 방치해둔 밭에 씨가 날려 이렇게 큰 나무가 되었다는 말에 놀라고 믿기지 않았다. 그의 이야기는 계속되었다. 큰돈도 들어가고 일의 범위가 커져서 난감한 상황이 되었다. 땅을 팔아버릴까 하는 생각이 다시 들지만 그 과정이 복잡했고 그렇게 급한 일도 아니고 해서 머리를 식힐 겸 인천 집으로 갔다.

인천에서 며칠을 쉬었다. 아내와 협의를 했는데 아내는 인천에서 강원도 횡성은 거리가 너무 멀기 때문에 팔고 다른 곳에 조그맣게 사서 하는 게 좋을 것 같다고 이야기를 했다. 횡성에서 하면 자신은 가지 않을 테니 알아서 하라고 했다. 그렇다고 반대도 하지 않을 것임을 분명히 했다. 아내의 태도는 아리송했지만 결사반대는 아니었다.

며칠간 고민한 끝에 횡성이 고향이고 땅을 팔고 다른 곳에 사기도 번거롭고 해서 고향에서 하기로 결심하고 횡성으로 돌아왔다. 개울에 다리를 놓는 일은 돈이 많이 들어가서 고민이 컸지만, 다리

공사를 하지 않고서는 농사는 물론 아무 일도 할 수 없었다. 옆집 형과 협의를 한 끝에 목수를 불러서 차가 다닐 수 있도록 다리 공사를 했다. 생각보다 돈이 많이 들어갔고 공사 기간도 지연되었지만 완공되었다.

이제는 달리 생각할 도리가 없어 무조건 추진할 수밖에 없었다. 다음은 밭에 임의로 자란 나무들을 베고 잘라서 밭을 만들었다. 나무는 땔감으로 활용할 수 있도록 잘라서 쌓았다. 항상 곁에서 그 형이 도와주었고 지인들이 찾아와서 도와주기도 했다. 텐트를 치고 생활하다가 한쪽에 움막을 지었다. 인천 집을 떠나서 이곳에서 생활한 지 1년이 지나서 나름대로 자연인의 집과 틀을 유지했다.

집에 갈 때마다 수확한 농산물을 가지고 갔다. 또 샘에서 나오는 물을 떠나주면 물맛이 좋다며 가족들도 만족했다. 이렇게 해서 자연인이 되었고 3년이 지난 지금도 초보 자연인이라고 했다.

그는 특히 밤이 좋다고 했다. 나도 이곳의 밤이 너무 좋았다. 도시에서는 열대야가 기승을 부리지만 이곳은 해발 600m 지역으로 바람이 불고 시원함을 넘어서 서늘했다. 국선이는 불빛이 없어야 하늘이 더 잘 보인다고 태양광 가로등을 꺼버렸다. 하늘의 북두칠성과 북극성 등 다른 별자리를 가리키는 모습이 마치 초등학생 친구들이 밤에 산에 올라가 별 이름 맞추기를 하는 듯 보였다. 국선이는 여러 가지 별에 대해서 자세히 설명을 하는 것이 별에 대해서도 해박한 지식을 가지고 있는 것 같았다.

몇십 년 만에 별들을 보면서 사색에 잠기는지 몰랐다. 전기가 없어도 전혀 불편하지 않았다. 태양광 가로등을 끄니 하늘이 더 아름답고 선명하게 보였다. 밤이 너무도 고요했다. 도심에서 느낄 수 없는 자연의 밤을 맞이하고 있었다. 자연인의 공통점이 모두 산속의 생활이 행복하다는 이유를 알 수 있을 것 같았다.

세 사람은 너무 기분 좋게 밤하늘을 즐겼다. 나는 밤하늘에 취해서 여기 온 목적을 잊어버리고 있었는데 병철이가 나에게 "친구할 말 있으면 해, 괜찮으니…." 하면서 웃었다. 병철이의 말에 하고 싶은 마음은 굴뚝 같았으나 초면이라 말하기가 부담스러워 미적거렸다. 이를 눈치챈 병철이가 이 친구가 농촌 생활을 하고 싶다는데 멋모르고 불쑥 어디에 땅을 사거나 자연인처럼 산으로 들어갈 수는 없고 차근차근 경험을 하면서 준비하고 싶다는데 국선이가 도와줬으면 좋겠다고 말을 했다.

국선이는 술을 한잔 권하며 아무 말이 없었다. 한참 후에 왜 그런 생각을 했냐고 나에게 물었다. 언제부터인가 평온한 삶을 누릴 장소를 찾고 있었는데 이곳이 아주 좋다고 이야기를 했다. "평온한 삶을 누릴 장소를 선정하기 위한 기준이 있나요?"라고 물었다. 나는 그 질문이 무척 반가웠다. 여기에 답을 하면 정서적인 교류는 물론 나의 마음을 그에게 확실히 전달할 수 있다는 자신감이 들었다.

그에게 나의 선정 기준은 첫째, 시골 읍내에서 멀리 떨어지지 않은 곳이 좋고, 둘째, 산속에 있지만 너무 멀리 들어가지 않는 산이 좋고, 셋째, 여름에도 시원함을 느낄 수 있는 계곡이 있는 곳이고, 넷째, 나는 농사와 기계에 대해 잘 모르니 도와줄 수 있는 사람이 있는 곳이라고 했다.

이곳에 와서 보니 내가 예비 자연인으로 출발을 그리던 장소라고 했다. 시골 읍내에서 근접해 있고 동산에서 시원함을 즐길 수 있고 연못도 있어서 내가 자연인을 준비하기 위한 장소로는 적격이라고 이야기했다. 그리고 내친김에 좀 도와줄 수 있으면 도와달라고 가볍지만 무겁게 부탁을 했다.

그는 자신이 경험한 농사 과정을 이야기했다. 개인 농사 초보가 2,000평을 농사짓기는 쉬운 일이 아니었다. 지금이 3년째인데 500평은 농사로 상추, 깻잎, 감자, 고구마 등을 재배했고 500평 정도는 옥수수 등을 재배했지만 다른 1,000평은 감당할 수 없다. 여러 선, 후배들이 찾아와서 땅을 빌려주면 농사를 하겠다고 했지만 제대로 하는 사람은 없었다. 각자의 사정도 있겠지만 농사란 것이 그렇게 쉬운 것은 아니기 때문이라고 했다.

그는 한번 해 보라고 하면서 어려우면 안 해도 되니 부담을 갖지 말고 하라며 가볍게 이야기했다. 3년 초보 자연인이지만 경륜이 묻어나고 상대를 배려하는 대답이었다. 사실 이렇게 편하게 해줄 수 있는 사람은 없다는 생각이 들었다. 몇몇 지인들을 만났지만 200~500평 전원주택을 하고 있어서 그들은 하는 방법만을 가르

처 주지만 땅을 제공하거나 숙소 자리를 제공할 수 있는 규모는 아
니었다.

　밤이 깊어가고 있어서 고맙다고 인사를 하고 각자의 숙소로 돌
아갔다. 국선이는 움막으로 병철이는 차박으로 나는 텐트로 들어
갔다. 바람이 시원하게 불어왔다. 오늘 목표를 이룬 것 같아서 흡
족했지만 잘 할 수 있을까 하는 의문이 들었다. 산골에서 초보 자
연인과 예비 자연인은 만남은 자연스럽게 의기투합이 되었다. 오
늘 하루는 너무 행복했다. 평온한 삶을 누릴 수 있는 나만의 세상
을 만드는 일에 한 발짝 내딛었다는 안도감으로 마음이 뿌듯했다.
　《월든》의 저자 헨리 데이빗 소로와 《캐시 호숫가 숲속의 생활》
의 저자 롤렌즈가 된 기분으로 오늘 하루를 마감했다.

모든 것을 내려놓고
가볍게 살고 싶다

강원도 횡성 자연인 마을

텐트에서 잠을 청했다. 평온한 삶을 누릴 수 있는 나만의 세상을 만들기 위한 장소를 찾았다는 흥분을 가라앉히기 위해서인지 장맛비가 너무도 세차게 내리고 있었다. 혹시 텐트에 물이 세지 않을까 하는 걱정을 하면서 오늘 하루가 의미 있게 느껴지며 기분이 너무 좋았다.

세상을 살다 보면 생각지도 못한 곳에서 의외의 일이 발생하는 경우가 있다. 어떨 때는 구체화되지 않은 막연한 꿈이 현실로 다가올 때도 있다. 때로는 어떤 장소가 자신의 마음을 확 잡아끌어서 블랙홀에 빠지게 하는 경우를 맛보기도 한다. 우리는 그것을 우연이라고도 하고 우연을 가장한 필연이라고도 한다.

세계적인 명작 《월든》의 작가 헨리 데이비드 소로는 "내가 월든 호수가에 간 목적은 그곳에 생활비를 덜 들여가며 살거나 또는 호화롭게 살자는 것이 아니라 누구의 방해도 받지 않고 내 개인적인 용무를 보는 데 있었다. 약간의 상식과 재능이 없어서 이 일을 하지 못한다는 것은 서글프다기보다는 차라리 어리석은 것처럼 보였다."라고 했다.

《캐시 호숫가 숲속의 생활》 저자인 존 J. 롤렌즈는 "북부지방에 호수가 천 개가량 되고, 다들 여러 면에서 비슷비슷 했지만 이 작은 호수는 나를 사로잡는 뭔가 다른 점이 있었다. 뭔가에 홀리기라도 한 듯이 한참 호수를 바라보며 거의 반 시간가량을 멍하니 있었다. 이 호수에 이전에 와본 것 같은 기묘한 느낌이 들었다. 여기가 바로 어릴 적 꿈속에 친구와 같이 본 호수였다."라고 말하며 숲속의 생활을 시작했다.

오늘 강원도 횡성에 처음 왔다. 읍내에서 외곽 산길 도로를 따라 도착하니 깊은 산골 같은 느낌을 주었다. 이곳에 들어서니 1,500평의 밭이 산 아래로 경사지게 자리하고 있었다. 좌측으로 200여 평의 동산이 솔밭을 이루고 있다. 이 동산이 어느 유명 휴양림처럼 보였다. 이곳의 핵심이었다. 길의 끝에는 500평의 밭이 편평하게 있고 한 모퉁이에는 주거하는 움막이 설치되어 있었다. 그 옆에는 농기구 창고에 삽, 톱, 쇠스랑 등이 잘 정리되어 있었다. 밭 아래로 80여 평의 연못이 있는데 고인 물이 아니라 순환되고 있는 연못이었다. 이곳은 수영장으로도 활용하고 있었다. 연못에는 버들치들이 많이 살고 있어서 낚시를 해서 매운탕을 끓여 먹는다고 했다.

소로가 찾은 월든 호숫가나 롤렌즈가 찾은 캐시 호숫가를 찾았 듯이 나 역시 내가 원하는 매혹적인 장소를 찾았다. 자연경관도 최 고였다. 경제적인 상황에서도 규모의 경제를 유지할 수 있는 점이 너무 좋았다. 돈을 어렵게 투자했다가 중간에 문제가 생기면 낭패 가 되는데 나의 조건을 그대로 수용해준 국선이 덕분에 안정적으 로 출발하게 되었다. 그에게 감사하는 마음이 들었다.

이런 생각을 하면서 소소한 일상과 작은 행복이 중요하다는 것 을 새삼 느꼈고 하루를 일하고 쉬는 저녁의 꿀맛 같은 시간을 느끼 면서 나도 모르게 잠이 들었다.

다음 날 아침에 일어났다. 어제 계곡에서 넘어져서 어깨와 머 리를 다쳐서인지 온몸이 뻐근하고 쑤셨다. 갑자기 두려움이 몰려 왔다. 내가 할 수 있을까, 말만 하고 못 하면 어떡하지 하는 걱정이 었다.

아침을 먹고 국선이는 일하러 밭으로 가고 낚시를 좋아하는 병 철이는 연못 주변을 정비하기 위해 장비를 들고 갔다. 그들은 여기 는 자기가 하고 싶은 것을 하는 곳이니 놀고 싶으면 놀고 자고 싶 으면 자고 일하고 싶으면 일하라며 자연인 같은 말을 남기고 일터 로 나갔다.

혼자 커피를 마시는데 걱정이 압박감으로 변하는 것을 느꼈다.

길의 끝에는 600평의 밭이 편평하게 있고 한 모퉁이에는
주거하는 움막이 설치되어 있었다.
그 옆에는 농기구 창고에 삽, 톱, 쇠스랑 등이 잘 정리되어 있었다.

갑자기 "어찌할까, 어찌할까 고민만 하는 사람에게는 나도 어찌할 수 없다."라는 공자의 《논어》 글귀가 생각났다. "좋다. 부딪쳐보자 일단 행동을 하자."는 각오가 되는 계기가 되었다.

낫을 들고 국선이가 지정해준 100평의 땅으로 갔다. 빈 땅으로 두어서 풀이 내 키만큼 자라 있었다. 낫으로 풀을 치기 시작했다. 가만히 생각하니 낫으로만 하면 뿌리가 있어서 다시 뽑아야 할 것 같았다. 그래서 두 손으로 풀을 뽑기 시작했다. 반 팔에 반소매 차림이라서 풀 몇 포기를 뽑자 팔과 다리가 풀날에 베어 쓰라렸다. 다시 텐트로 와서 긴 팔과 긴바지를 입고 나갔다. 풀을 뽑으니 잘 뽑히는 풀이 있고 어떨 때는 잘 뽑히지 않았다. 두세 개의 풀이 겹쳐서 잡으면 뿌리가 길어 잘 뽑히지 않았다. 0.1%의 요령이지만 이를 아는 것도 즐거운 일이었다.

장마철이라 좋은 점도 있었다. 비가 쏟아지다, 그치다를 반복했다. 비가 쏟아질 때는 동산으로 가서 쉬다가 비가 그치면 일하기를 하는데 국선이와 병철이도 반복했다. 풀이 어느 정도 뽑아지니 성과가 확 나는 것 같았다. 국선이와 병철이도 중간에 와서 한 번씩 보면서 "워, 잘하는데, 왕초보지만 자세가 됐어…."라고 하면서 격려를 하고 가기도 했다.

점심시간이 되자 동산에 모여 점심을 먹었다. 그들은 다시 밭으로 나가고 나는 오후에는 텐트를 걷어내고 주변의 잔 나무들을 잘라서 치우고 바닥을 다지고 물고랑을 다시 내고 텐트 주변을 확실히 정리했다. 삽과 낫을 잡아본 지가 몇십 년 전인지 모를 일이었다.

휴식 시간을 이용해 국선이에게 오늘 이후에 시작할 농사의 품목을 묻자 8월 초에 모종한 배추를 심어야 한다는 것이었다. 보통 말복을 기준으로 심는데 이곳은 지대가 높기 때문에 일주일 정도 먼저 심어야 김장을 할 수 있는 크기의 배추가 나온다고 했다. 늦으면 배추 포기가 너무 작다고 경험을 말했다. 오늘이 7월 말인데 갑자기 마음이 급해졌다. 풀을 뽑아야 하는데 쉬운 일이 아니었다. 갑자기 궁금증이 생겨 국선에게 물었다. 배추를 심어서 재배가 되었다 치더라도 요즘 모두 김장을 맡겨서 하는 추세이고 그 배추가 자랐다 하더라도 판매를 할 수 있는 것도 아니어서 그 무거운 배추를 처리하기도 곤란한 상황이 될 수도 있다고 하자 그의 대답은 아주 간단했다. 그것은 본인이 알아서 하라고 아주 가볍게 말하며 웃었다.

우리는 일을 하면서 중간중간에 피곤하면 연못에 가서 미역도 감으면서 즐겼다. 버들치가 물 속에서 살결에 부딪치는 감촉이 처음에는 섬뜩했지만 곧 익숙해졌다. 알몸으로 연못에서 수영하는 것이 어린 시절 동네에서 미역 감던 시절이 생각났고 이런 모습들이 신선한 충격을 주었다. 연못의 깊이는 전체가 우리의 키를 넘지 않아서 수영을 못하는 나도 놀기는 적격이었다.

우리가 에덴동산에 와 있는 것 같은 느낌도 들었다. 과일을 따 먹지 말라는 농담을 하면서 즐겼다. 정말 자연인이 된 것 같은 게 아니고 지금은 자연인 그 자체였다.

이 연못에서 낚시도 즐기고 앞으로는 겨울 낚시도 할 생각을 하니 가슴이 설레었다. 연못의 물은 유입구와 유출구가 있어서 항상 일정한 양을 유지하고 있다.

저녁에 동산에 앉아 사색을 하면서 나만의 세상에 대한 구상을 했다. 지금까지는 아버지로서 남편으로서 소임을 다하고 살았지만 이제는 모든 것을 내려놓고 가볍게 살고 싶다. 물질적인 삶보다 정신적인 풍요에 가치를 두고 헨리 데이비드 소로, 법정 스님의 무소유 삶을 참고하여 나만의 무소유 삶을 실천하고 싶었다.

텃밭에 배추, 무, 상추, 고추, 깻잎, 감자와 콩, 옥수수를 심고 가꾸어 음식물을 자급자족하면서 의, 식, 주에 얽힌 삶에서 벗어나고 싶었다. 지금까지 가장 중요시했던 돈과 명예에 치중했던 욕심과 이기심을 버리고 싶었다. 내가 가진 것에 만족하고 남과 비교하지 않으며 속세에서 돈을 쫓기보다 자연에서 평온한 삶을 누릴 수 있는 나만의 세상을 만들어 진정한 자유를 누리고 싶다는 생각으로 어둠의 밤을 즐겼다. 밤하늘의 별들도 더 강하게 빛나고 있었다.

암도 경제적 어려움도 극복한
생각의 전환

남해 금산 보리암

춘식이와 둘이서 남해로 출발했다. 몇 달 전에 친구들과 같이 만나는 자리에서 우연히 옆에 같이 앉아서 이야기 하던 중에 언제 한번 남해 여행을 가자고 약속했는데 오늘이 벌써 그날이 되었다. 그와는 고등학교 동창이기도 하지만 같이 문예반 클럽활동을 같이 해서 여러 가지 추억을 많이 가지고 있는 친구다.

춘식이는 만날 때도 통화를 할 때도 항상 즐겁다. "어제는 산지에서 올라온 생선회를 지인들과 나눠서 먹어서 좋았다. 어떤 때는 거래처에서 일을 하기도 전에 선결재를 해줘서 고맙다. 등산을 갔는데 무사히 내려와서 다행이라고. 친구와 술을 마셔서 즐거웠다. 어떤 때는 술을 자제하여 즐겁다."고 한다. 그의 하루는 항상 즐거움으로 가득 차 있는 듯하다. 그를 만나도 좋고 통화를 해도 좋다.

오늘도 즐거운 이야기를 들으며 시간 가는 줄 모르고 운전을 하다 보니 남해에 도착해서 목적지인 보리암을 향했다. 유명관광지답게 입구에 팻말이 크게 설치되어 있었다. 보리암 입구에서 포장된 도로를 따라 2km 정도에 있는 제2주차장에 차를 세우고 셔틀버스를 이용해 가파르고 구불구불한 길을 3km 정도 지나니 보리암 제1주차장이 나왔다. 여기서 또 1km 정도를 걸어 올라가니 보리암이 나왔다.

보리암은 남해의 명산인 금산 정상 절벽에 아슬아슬하게 자리 잡고 있었다. 보리암 경내는 연등이 하늘을 가리고 있었다. 스님의 불경 소리가 귓가를 울렸다. 바다가 한눈에 보이는 곳에 해수관음상과 삼층석탑이 서 있었다. 많은 신도들이 절을 하면서 탑돌이를 하고 있었다. 대자대비한 부처님께 자비를 구하고 각자가 처한 고통에서 벗어나게 해달라고 기도하는 모습이었다. 대부분은 나이 지긋한 여성들이 대부분이었다. 관광객들의 발걸음은 분주하고 경관을 놓치지 않기 위해 눈 돌리는 소리가 크게 들리는 것 같았다.

보리암에서 바라본 남해의 풍광은 자연의 신비함에 넋을 잃고 쳐다볼 정도로 아름다웠다. 한려해상의 남해 바다가 끝없이 펼쳐져 있고 바다의 한쪽에는 크고 작은 섬들이 바다 위로 솟아 있는데 마치 섬들이 떠다니는 것 같았다. 보리암 아래로는 각양각색의 지붕으로 이루어진 아담하고 깨끗한 마을 전경이 고요하면서도 평화롭게 보였다. 눈을 돌리면 기암괴석들이 일정한 거리를 두고 우뚝 솟아있고 바위 사이로 푸른 나무들이 어우러진 능선이 자연의 묘미를 보여주고 있다.

보리암을 지나 금산으로 올라가니 단군성전, 부소암, 금산 정상의 세 갈래길이 따로따로 있었다. 이곳을 각각 살펴보니 새로운 관광지에 온 기분이 들었다. 부소암과 금산 정상에서 느끼는 절경은 보리암에서 본 느낌을 두 배로 즐길 수 있을 정도로 환상적인 풍광이다.

금산 정상에서 대자연과 함께하는 순간 휴대폰에서 흘러나오는 노래 가사가 나에게 깨달음을 준다. 하늘에 떠다니는 구름과 세상에 떠다니는 나는 자연의 하나임을 느끼기에 충분했다. 나도 감탄을 계속했지만 춘식이도 대자연에 흠뻑 취한 표정이었다. 국내도 좋은 곳이 이렇게 많은데 해외여행만을 좋아하는지 모르겠다고 했다.

금산의 정상에서 내려오면서 한적한 곳에 앉았다. 배도 고프고 막걸리 생각도 났다. 1회용 돗자리를 펴고 간단한 과일 안주와 막걸리를 꺼냈다. 술을 한두 잔 주고받으면서 이곳 경관 이야기에 끝이 없었다. 한참을 이야기하다가 뜸한 시간에 춘식에게 질문을 했다.

"공짜로 사는 인생이 즐겁지. 죽어도 여한이 없지 않은가?"

"그렇지 벌써 15년이 되었어, 세월이 너무 빠르네."

"이제는 먹고살 만해."

"그래도 더 벌어야, 먹고살지."라고 그가 말했다. 고향에서 살다가 성남으로 이사 온 동기와 암을 극복한 이야기 그리고 폴리텍 대학을 가서 기술을 배워서 지금 사는 이야기를 좀 자세히 듣고 싶다고 했다. "그렇네, 친한 사이이면서도 겉모습만 보였지 내면의 이야기는 별로 한 적이 없지."라며 궁금한 점에 대해서는 자세히 알려준다며 중간중간 질문을 하라고 했다.

고향에서 40년을 살다가 뜬금없이 성남으로 이사를 오게 된 이유가 궁금하다고 했다. 고향에서 10년 정도를 건설 현장에 대리석 납품을 했는데 돈을 벌 만하면 대금을 못 주고 부도나는 업체가 발생했다. 건축 시 외벽을 대리석으로 할 경우의 대리석 금액의 비중이 높다 보니 건물주는 대리석 가격이 3,500만 원에 계약해도 끝날 때는 3,000만 원만 주면서 마무리하자는 경우가 자주 발생한다. 주로 원룸 건축하는 단지에 납품했는데 이들 업체와는 관행상 계약서를 쓰는 것도 아니고 안면이나 신뢰로 하기 때문에 이런 일이 가끔 발생한다는 것이었다.

10년을 했지만 겨우 밥만 먹고 살았다. 아이들은 커가는데 모아둔 돈이 없어 걱정이 많았다. 이런저런 고민이 많은 시점에 성남에서 온 지인이 자신이 도와줄 테니 성남에서 식당을 한번 해보라고 권했다는 것이었다.

아내와 상의한 끝에 성남으로 이사를 와서 해산물 식당을 했는데 여러 가지 시행착오를 많이 겪었다. 이곳 사정을 모르니 가격

책정을 잘못하는 등 어려움을 겪어가면서도 참아내니 안정이 되어가는 듯했다. 그런데 식당 건물 테라스를 사용한다는 민원이 구청에 접수되어 단속을 나와 영업정지를 당했다. 한번은 그러려니 했는데 또 단속이 나와서 영업정지를 맞으니 더 이상 영업을 할 수가 없었다. 어쩔 수 없이 폐업을 했는데 나중에 알고 보니 식당 영업이 잘되니 건물 주인이 직접 식당을 운영하려고 신고했다는 것을 알았다. 눈 뜨고 있어도 코베어가는 세상을 경험했다. 어쩔 수 없이 돈만 날리고 문을 닫고 말았다고 했다.

나는 한숨을 크게 쉬었다. 그도 그 시절로 돌아갔는지 한숨을 산이 꺼질 듯이 쉬었다. 불행은 한꺼번에 찾아온다고 했던가? 그 일보다 더 큰 일이 기다리고 있었다. 장사를 그만두고 고민에 고민을 하고 있는데 왼쪽 목 아래에 멍울 같은 게 잡히는 것 같았다. 아내가 한의사 잘 아는 사람이 있으니 가보라고 해서 한의원에 갔더니 한의사는 잘 모르겠다고 했다. 성남에 있는 병원에 갔는데 정확히 모르겠다며 소견서를 써줄 테니 대학 병원에 가보라고 했다.

갑자기 두려움이 생기기 시작했다. 먹고살기도 힘든데 병까지 생기면 큰일이다는 생각에 잠이 오지 않았다. 춘식이는 긴 한숨을 쉬면서 자신은 물론 가정의 위기가 시작되었다는 것을 직감했다. 눈앞이 캄캄하다는 말을 처음으로 실감했다고 했다.

"그럼 그때 암이 발생한 거야? 식당을 정리하고 낙심천만일 때,

엎친 데 덮친 격이네…. 너무 힘든 일을 겪었는데 내가 질문하기도 미안하네….”라며 말끝을 흐리자 그는 “무슨 말을 해. 그때 친구들이 모금 운동을 해서 많이 도와줬는데.”라고 하면서 이야기를 시작했다.

다음 날 대학 병원에 갔는데 의사는 덤덤한 표정으로 편도선암이라며 당장 입원하라고 했다. 원무과에 가서 입원 수속을 하는데 당장 병실이 없으니 1인실에 입원해서 수술을 하라는 것이었다. 1인실을 이야기하자 암보다 1인실 비용이 더 부담이 되었다. 어쩔수 없이 입원해서 수술을 했고 어느 정도 몸이 회복되자 퇴원을 했다. 통원을 하면서 항암, 방사선 치료를 하라는 것이었다.

아무런 지식이 없으니 의사가 하라는 대로 했다. 항암, 방사선 횟수가 많아질수록 몸무게는 빠지고 머리도 다 빠지고 말았다. 사는 게 사는 것이 아니었다. 몇 개월 사이에 항암치료, 방사선 치료 20회 이상을 맞다 보니 75kg이던 몸이 55kg이 되었다. 자신이 거울을 봐도 누구인지 모를 정도로 변해 있었다고 했다.

나는 그의 말을 듣고 있자니 마음이 너무 아팠다. “객지에 나와서 참으로 마음 고생이 많았겠네. 그 험한 인생을 어떻게 살았어?”라고 말하는데 가슴이 울컥해서 말을 잇지 못했다. 나의 손을 잡은 그가 다시 이야기를 시작했다.

의사는 계속 방사선 치료를 하라고 했지만 자신은 이리 죽으나 저리 죽으나 죽기는 마찬가지라는 생각이 들었다. 예전에 암 말기에 인생을 포기하고 시골에 가서 죽을 날을 기다리며 살다 보니 암이 완쾌되었다는 이야기를 가뭄에 콩 나듯이 들은 기억이 났다. 의학적인 상식이 있는 것도 아니고 그는 자신만의 감으로 가정 간호사를 신청하고 집에서 요양을 시작했다. 가정 간호사란 아침에 와서 주사를 놔주고 가는 것인데 시간이 되면 자신이 주사기를 뽑으면 되는 것이었다.

그는 주사를 맞으면서 자신이 좋아하는 낚지, 홍어 등 해산물 등을 먹으면서 지냈다. 이렇게 1년이 지나니 몸이 회복되고 있었다. 이제는 살 것 같았다. 계속해서 등산을 다니면서 간단한 운동을 했다.

1년 6개월 정도 지나자 정상 컨디션을 유지하는 것 같았다. 자신감이 생겼다. 이때부터 술도 마시면서 암 이전의 생활을 했다. 퇴원 후 2년이 지나서 보험회사로부터 서류제출을 요구받고 병원에 가서 진단을 하니 의사가 아무 말도 안 하고 바라만 보고 있었다. 그는 궁금해서 이판사판으로 문의했다.

"왜요, 곧 죽을 것 같아요?"라고 하자 의사는 웃었다. "어떻게 지냈나요? 암이 없어졌어요."라고 말했다. 그는 자신도 모르게 헛웃음이 나왔다. 병법에 죽기를 각오하고 싸우면 살고, 살고자 하면 죽는다는 말이 생각났다. 죽기를 각오했더니 살아났다는 말밖에 할 말이 없었다. 그의 나이 45세였다. 다른 사람은 생명을 보너스로 얻었다고 했지만 그 말은 사치 그 자체였다. 집에 돌아와 아내와 이야기했지만 기뻐할 여유도 없었다. 아내 혼자 몇 년을 직장생활 하면서 가정을 책임지고 살았고 아내에게 너무 미안했다. 그동안 빚을 생각하니 마음의 여유가 없었다. 그렇다고 뾰족한 방법도 없었다.

먹고살기 위해서 무언가를 해야 했다. 돈이 없으니 사업이나 다른 곳에 투자할 수는 없었다. 돈 안 들이고 기술을 배우는 방법밖에 없었다. 여기저기를 알아본 결과 폴리텍대학 시니어 과정에 입학해서 기술을 배우기로 했다. 설비, 전기, 도배, 타일 등의 기술을 배우는 곳인데 도배 과정에 입학하여 3개월 과정을 마쳤다. 그는 아파트단지 부동산 업체에 명함을 돌렸다. 훈련생 과정 3개월을 마쳤기 때문에 현장에 투입되기는 무리였다. 동기들은 일감을 받으면 동기들끼리 모여서 일을 했다. 초보들이 하는 일이라 일들이 더디고 서툴렀다. 그러다 보니 아파트 주민들의 불만이 고스란히 부동산 중개업소에 전해졌다.

그들의 일하는 모습을 보면서 이렇게 해서는 안 되겠다는 생각을 했다. 선배 도배사들께 일 잘하는 방법을 묻자 일을 받으면 일당으로 하는 고급 도배사들을 불러서 시키고 일하는 방법을 배우는 것이 좋다는 이야기를 들었다. 그는 띄엄띄엄 일을 받을 때마다 자신은 이윤 없이 고급 도배사에게 일당을 주고 현장 실습을 했다.

고급 도배들에게 유류비도 챙겨주었다.

이렇게 하다 보니 일의 속도도 빠르고 도배의 노하우도 터득했다. 충분히 훈련을 받은 다음 스스로 일을 하기 시작했다. 각 부동산에 일 잘한다는 소문이 돌기 시작했다. 부동산의 소개로 신규빌라 전체 도배를 맡기도 했다. 꾸준히 일을 한 결과 2년 정도가 지났다. 그동안 아찔했던 인생이 정상을 찾은 것 같았다.

이제는 사람답게 살아보고 싶다는 생각이 들면서 취미였던 등산을 해야겠다는 생각이 들었다. 그는 고향에서 수년 동안 산악회에서 등산을 다녔다. 몸은 건강하여 대한민국 모든 산을 다닐 정도로 산의 매니아였다. 인터넷을 검색해 성남의 한 산악회에 가입했고. 매월 행사에 참여했다. 그 산악회는 매월 1회 정기회의와 산행, 번개산행을 추진하는데 나름 체계적인 면이 아주 좋았다. 그는 산행에 적극적으로 참여했다. 자주 만나고 모이다 보니 정이 들었고 그는 요리 실력을 과시해 산우들에게 먹거리를 제공했다. 총무가 하는 주점에 자주 모이면서 그 주점은 시골의 사랑방 같은 역할을 했다.

몇 년 산악회 활동을 하다 보니 산악회 간부 역할도 하면서 틈틈이 친구들과 교류를 이어갔다. 형제애 같은 우정이 깊어졌다. 외로움과 쓸쓸함을 잊을 수 있었다. 그들과 어울리면서 사람 사는 재미를 느끼면서 살 수 있게 되었다.

편도선암이 완쾌되자 남들은 덤으로 사는 인생이라고 했지만 경제적 어려움이 있어서 편하지는 않았다고 했다. 도배 일로 자리를 잡아가면서 경제적 안정이 되고 취미로 산악회 활동을 하면서 객지에서 친구들이 많은 교류를 하다 보니 자연스럽게 안정되었다고 했다.

마지막 잔을 들면서 여기까지 이야기하자며 자연스럽게 배낭을 메고 일어섰다. 남해 바다를 보면서 금산의 매력과 보리암의 스릴을 느끼면서 하산했다. 숙소가 있는 다랭이마을 쪽으로 이동하여 다랭이마을을 관람했다. 끝없는 바다가 보이는 다랭이마을에 땅거미가 밀려오기 시작했다. 이곳의 별미인 멸치회 가게로 들어갔다. 처음 먹어보는 멸치회는 정말 맛있었다. 금산에서 나의 질문에 과거의 추억으로 우수에 찬 표정을 했던 춘식이는 분위기가 전환되어 있었다.

멸치회를 먹으면서 그에게 마지막 질문을 했다. "요즘 정말 행복하게 산다고 소문이 났는데 그 비결이 뭐야?"라고 물었다.

그는 큰 소리로 말했다. "지금 도배공을 하면서 자랑스럽고 보람을 느끼면 행복이고, 옛날 증권회사 다니던 시절이 그립다고 지금의 생활을 불평만 하면 그것이 불행이지. 별거 있어?"하며 크게 웃었다.

그는 몇 번의 고비를 겪고 보니 행복은 다른 사람이 가져다주거나 어떤 조건이 만들어준다고 생각을 하고 살았다고 했다. 아플 때, 사업에 실패했을 때, '왜 나에게는 고통만 주는가?' 하고 세상을 원망했다. 행복해 보이는 다른 사람들처럼 나에게 행복이 찾아줬으면 좋겠다고 생각했었다

어느 순간 생각을 바꾸니 세상이 달라졌다. 아무리 높은 산도 오를 수 있는 건강한 체력에 감사했고, 그 어려운 환경에서도 탈선하지 않고 성장한 두 아들에게 감사했고, 가족을 위해 헌신한 아내에게 감사했고, 지금 형제처럼 지내는 산악회 친구들이 있어 너무 행복했다. 행복은 내가 가진 것에 감사하고 만족하는 것이 행복이라는 것을 알았다. 행복은 멀리 있는 것이 아니라 내 안에 있다는 것을 알았다고 했다.

그는 도배하는 순간에도, 산행을 하는 순간에도 항상 이 순간을 즐기며 산다고 말했다. 내 안에 너무도 깊숙이 숨어있는 행복을 찾는 자만이 행복할 수 있다고 말하는 그의 얼굴은 세상의 고통을 이겨낸 자의 여유로움이 흐르고 있었다.

"사람은 공통점 때문에 친해지고
차이점 때문에 성장한다."

_사티어(Satir)

chapter 2

가족, 때론
죽을 만큼 사랑하고,
가끔 죽고 싶을 만큼
괴로운 관계

이제 과거의 나로부터 벗어나자

안산 시화호 시화나래휴게소

여동생 영희로부터 전화가 왔다. 오랜만이어서 반가웠다. 동생의 목소리는 밝았다.

"돕고 싶은 친구가 있는데 오빠가 만나줄 수 있을까?"

동생이 돕고 싶다는 친구 희정이는 나 역시 잘 아는 사람이었다. 어릴 때부터 함께 놀아서 허물없는 사이였다. 가끔 고향 선후배들 모임에서 만나면 희정이는 결혼생활이 힘들다는 말을 했었는데, 동생은 그 문제 때문에 만나자고 한 것 같았다. 동생은 나와 아내, 희정이와 함께 나들이를 가자고 제안했다. 풍광 좋은 곳에서 좀 더 편안하게 얘기를 나눌 수 있을 거라는 생각에서였다. 나도 흔쾌히 동의했다. 아내와 상의한 다음 날 동생에게 전화하여 주말에 하루 코스로 대부도와 제부도를 돌아보자고 알려주었다. 모두 수원에 살고 있어서 우리 집 앞에서 만나기로 했다.

토요일 아침, 다 함께 내 차에 동승하여 대부도로 출발했다. 1

시간 정도 차를 타고 달리니 시화호가 나타났다. 시화호는 오이도와 대부도 중간의 간척사업으로 만들어졌다. 푸른 바다 중간에 일직선으로 만들어진 도로 위를 달리면서 마치 바다 한가운데를 가르는 듯한 스릴을 느꼈다. 마침내 시화나래휴게소에 도착했다. 시화나래휴게소는 시화호 중앙에 위치해 있는데 마치 바다에 둥둥 뜬 섬 같았다.

이곳에서는 사방에서 바다 경관을 시원하게 볼 수 있었다. 휴게소와 해양연구소가 연결된 이곳은 휴게소지만 관광 명소처럼 많은 사람들의 발길이 끊이지 않는 곳이다. 주차를 마치고 휴게소 주변의 바다를 여유 있게 감상했다.

주변을 돌아본 다음, 이곳의 명소인 25층 전망대를 향했다. 일찍 왔기 때문에 줄 서지 않고 엘리베이터를 타고 바로 전망대에 올랐다. 사방이 푸른 바다다. 바다를 바라보고 있으니 마음이 시원해지고 그동안 마음속에 쌓아둔 찌꺼기들이 빠져나가는 기분이었다. 오이도에서 대부도까지 이어진 일직선으로 이어진 방조제의 길이는 11.2km이다. 전망대에서 내려다보니 운전하면서 볼 때와 모습이 사뭇 다르다.

우리는 전망대 커피숍으로 향했고 커피를 마셨다. 영희가 먼저 말을 꺼냈다.

"야, 멋있네. 이런 곳이 있었구나. 너무 좋다. 진즉 와볼걸. 나중에 가족들하고 다시 와야겠어."

영희의 말에 아내와 희정이도 고개를 끄덕였다. 만나서부터 내 내 표정이 어두웠던 희정이는 바다를 보고 나서 조금 밝아졌다.

전망대 커피숍을 나와서 휴게소 전체를 다시 한번 돌아보았다. 당일치기 나들이인데 마치 여행 온 것 같은 기분이었다.

우리는 다시 차를 타고 제부도로 향했다. 모세의 기적처럼 갈라진 바닷길 사이를 따라 들어갔다. 점심시간이 가까워서인지 시장기가 느껴졌고 너나 할 것 없이 식당을 찾았다. 우리는 '특선 칼국수'라는 현수막이 크게 붙은 집으로 들어가서 전복이 인심 좋게 들어 있는 특선 칼국수를 맛있게 먹었다. 식당을 나와서 모래사장을 한 바퀴 돌았다. 동생 영희와 아내, 희정이는 이곳저곳을 손가락으로 가리키며 수다를 떨었다. 좀 더 풍경을 즐기고 싶었지만 사람이 날아갈 것 같은 바람이 휘몰아치는 바람에 식당 위층인 커피숍으로 발길을 돌렸다.

따뜻한 차 한 잔으로 찬 기운을 녹이면서 영희는 자신의 남편 얘기를 꺼냈다. 자신에게 데면데면한 남편이 타인에게는 친절하다며 흉을 늘어놓았다. 남들에게 하는 딱 반만큼만 자신과 아이들에게 해준다면 원이 없겠다며 하소연을 했다. 끝이 안 날 듯한 영희의 수다가 이어지던 중 희정이가 입을 열었다.

"그런 건 아무것도 아냐. 바람피우는 것에 비하면."

희정이의 날 선 한마디에 일순간 침묵이 찾아왔다. 희정이는 자신의 남편이 바람을 피우는 게 확실하다고 했다. 가끔 남편의 통화 내역을 확인하는데 자꾸만 반복해서 등장하는 번호가 있다고 했다. 의심스러운 마음에 해당 번호로 전화를 걸었는데 여성이 받더라는 것이었다. 전화를 잘못 건 척하면서 전화를 끊었으나 마음속에 분노가 끓어올라 산불처럼 번졌다.

희정이는 퇴근한 남편을 상대로 해당 번호의 여성이 누군지를 따져 물었다. 남편은 거래처 여직원이라 업무상으로 가끔 통화를 하는데 의심을 하느냐며 어이없어 했다. 남편의 설명을 듣고도 희정이는 의심의 불길을 잠재우지 못했다.

희정이는 남편 사무실에 수시로 전화해서 자리에 있는지를 확인했고 남편이 외출할 때에도 행선지를 캐묻는 등 의심의 정도를 키워갔다. 남편이 지방으로 출장을 가면 밤에 한숨도 자지 못했다. 결국 출장에서 돌아온 남편에게 진짜 출장이 맞냐고 다그치기도 했다. 아내의 모습에 남편은 점점 질려갔다. 아내가 전화를 걸어오면 끊어버리거나 휴대폰을 아예 꺼버리기도 했다. 남편이 점점 자신을 피하는 걸 보면서 희정이의 불안은 더욱 커졌다. 어떤 날은 불안이 거짓말처럼 사그라들었다가 또 어떤 날은 활활 불타오르기를 반복했다. 부부싸움과 다툼이 반복되자 남편은 집을 나가서 원룸에서 생활하게 되었다.

나는 희정이가 말하는 모습을 유심히 관찰했다. 희정이는 말할수록 감정이 고조되는 것 같았다. 때로는 목소리를 높이고 때로는 얼굴이 빨개지면서 격한 감정을 쏟아내고 있었다.

"그런 일이 있었구나. 많이 힘들었겠어. 마음고생 많았네."

내 말에 희정이가 갑자기 말을 멈추었다. 눈에 눈물이 가득 차서 금방이라도 쏟아질 것 같았다. 그 모습을 본 아내가 영희의 옆구리를 살짝 쳤다. 두 사람은 서로 눈빛을 주고받더니 조용히 자리에서 일어나 밖으로 나갔다.

희정이는 소리 내어 울기 시작했다. 그동안 아무도 자신의 마음을 알아주지 않았다며 서럽게 울었다. 나는 희정이가 원하는 대로 울 때까지 기다려주었다. 끅끅 소리까지 내는 희정이를 위해 따뜻한 물 한 잔을 가져다주었다. 어느 정도 울음이 잦아들 때쯤 희정이에게 물었다.

"희정아, 정말 남편이 너 말고 다른 사람을 만났다고 생각해?"

희정이는 물끄러미 나를 바라보았다. 고민하는 기색이 역력했다. 잠시 후 희정이는 고개를 가로저었다.

"사실… 잘 모르겠어요. 헷갈려요."

"그렇구나. 그러면 왜 남편이 다른 사람을 만났다고 생각하게 됐을까. 처음 그 생각을 했던 이유가 있었어?"

희정이는 처음 의심의 계기가 된 사건을 털어놓았다. 앞집에 새로운 사람들이 이사 왔고 그 집 부부가 또래라서 친하게 지내게 되었다고 했다. 그러던 어느 날 앞집 여자의 표정이 안 좋아서 물어

보니 남편이 딴 여자와 만나는 걸 알게 되었다는 것이다. 앞집 여자는 매일 희정이네 집에 와서 하소연을 하면서 희정이에게도 남편을 잘 살펴보라며 반복해서 이야기를 했다.

"그런 일이 있었구나. 그런데 말이야. 앞집 남편이 딴 여자를 만났다고 네 남편도 똑같이 딴 여자를 만난다고 볼 수 없지 않을까. 두 사람은 서로 다른 사람이잖아."

"그렇긴 해요. 하지만 두 사람이 닮은 점이 많거든요. 집 식구들한테 무뚝뚝하고 잘해주지 않아요. 밖에 나가면 엄청 친절하고 매너가 좋으면서 말이에요."

희정이는 남편이 늘 회사 일에 파묻혀 살았으며 가정에서는 애정 표현이나 다정다감한 면을 찾아볼 수 없다고 했다. 아이들을 낳고 키우는 동안에도 도와주거나 아이들과 놀아주는 일도 별로 없었다. 희정이가 마음이 안 좋은 날에도 알아보지 못하고 무심히 행동했다. 남편이 곁에 있어도 희정이는 늘 외로움을 느꼈다.

"예나 지금이나 제 마음을 알아주는 사람이 없어요. 이 세상에 나 홀로인 것 같아요."

"네 마음이 허전하고 외로운 걸 충분히 이해해. 남편이 무관심하고 배려가 부족할 때 그런 감정이 들 수 있어. 그런데 무심한 타입이라고 다 바람을 피우는 건 아니야. 다른 여성과 통화했다는 것만으로 바람을 피웠다고 볼 수 없고. 남편이 네게 어떤 마음인지는 누구보다 네가 잘 알잖아."

희정이는 내 말에 천천히 고개를 끄덕였다. 희정이 눈에서 다시 눈물이 쏟아졌다. 넋두리인지 혼잣말인지 모를 말들이 희정이의 입에서 나오기 시작했다.

"결국 문제는 나였어. 왜 난 이렇게 자신이 없을까? 왜 만사가 다 부정적일까? 이런 날 누가 좋아하겠어."

등등의 말들이 흘러나왔다.

"희정아. 너는 충분히 괜찮은 사람이야. 지금까지도 너무나 잘 살아왔어. 너처럼 매사에 잘해내는 게 쉽지 않아. 그런 너를 사랑해서 남편이 너와 함께 있는 거야. 네 주변에 너를 진심으로 좋아하고 걱정하는 사람들도 많아. 나도 그렇고, 영희도, 우리 집사람도."

희정이는 자신에 대한 부정적인 감정에 빠져 있었다. 자존감도 낮았다. 누가 봐도 훌륭한 사회인으로 제 역할을 해내면서도 자신의 장점을 보지 못했다. 희정이의 이런 감정은 어린 시절로 되돌아가 있었다. 어릴 때부터 희정이를 봐왔기에 잘 알고 있었다.

희정이는 모든 가족들이 아들을 원하는 3대 독자 집안에서 딸로 태어났다. 희정이의 어머니는 딸을 낳았다는 이유로 시어머니의 가혹한 괴롭힘을 견디지 못해 어린 딸을 두고 집을 나갔다. 지금이야 있을 수 없는 일이지만 1970년 초까지는 이런 일이 가능한 시대였다.

희정이의 아버지는 곧 재혼했다. 희정이는 아버지와 새어머니로부터 한 번도 따뜻한 보호를 받은 적이 없었다. 새어머니는 희정이가 초등학교 시절부터 공부보다는 집안일과 청소 심부름만 시켰고 사소한 실수에도 심하게 나무라며 매를 때렸다. 희정이는 너무나 힘들었고 외로웠다. 자신을 지켜줄 보호자를 절실히 필요로 했지만 아무도 없었다. 아버지는 늘 말이 없었고 아내가 희정이를 학대하는 걸 보고도 막아주지 않았다.

희정이는 간신히 학교를 졸업하고 취직한 후에 집을 나왔다. 회사에서 완벽주의자처럼 일을 잘해서 업무에는 좋은 평가를 받았지만 동료들과는 가깝게 지내지 못했다. 먼저 다가가지 못했을 뿐 아니라 자신에게 다가오는 사람들에게 응대하는 것도 힘들어했다. 오로지 일에만 매달리던 희정이는 동네 선배의 소개로 지금의 남편을 만났고 얼마 되지 않아 결혼했다.

희정이에게 남편은 늘 고달팠던 자기 삶에 내려온 한 줄기 햇살 같았을 것이다. 그러니 언제나 든든하고 따뜻한 남편이자 보호자의 역할을 기대했으리라. 하지만 아쉽게도 남편은 무뚝뚝하고 무덤덤한 타입이었다. 성실했지만 섬세하게 희정이의 마음을 만져주지 못했다. 남편이 바람을 피웠다는 희정이의 오해는 마음 깊숙이 들어 있던 열등감과 불안감이 남편에의 작은 불만과 서운함이 만나서 만들어낸 상상이었다.

"희정아. 과거의 너와 지금의 너는 완전히 달라. 어느 누구도 너를 해칠 수 없어. 이제는 과거의 희정이에서 조금씩 벗어나보는 게 어떨까."

내 말에 희정이는 몸을 움찔했다. 눈에서 흐르는 눈물을 닦을 뿐 침묵을 지키던 희정이는 이렇게 말했다.

"자꾸 어린 시절의 내가 생각나요. 과거의 나는 아무것도 할 수 없는 상태였고, 지금의 나는 내가 무엇이든 할 수 있어서 분명히 다른데도 여전히 과거의 나에 머물러 있는 것 같아요."

희정이는 어린 시절에 새어머니에게 학대를 받을 때 이를 지켜만 보는 아버지께 도와달라고 마음속으로 절규하면서 외쳤으나 아버지가 도와주지 않았던 게 각인돼 있다고 했다. 애정없이 무심하고 차가운 아버지의 모습이 너무나 싫었는데 남편에게도 비슷한 모습을 발견하면서 두려움과 분노가 커졌다고 했다. 어릴 적 아버지에 대한 분노를 남편에게 투사하고 있었다. 나는 이 점을 희정이에게 짚어주었다. 아버지와 남편은 엄연히 다른 존재인데 희정이는 같은 인물로 느끼고 있었던 것이다.

"희정아, 네가 과거에 원했던 게 뭐였지?"

"부모님의 따뜻한 보호와 사랑이었죠."

"지금 간절히 바라는 것은 뭐야?"

"남편이 나를 보호해주고 따뜻하게 사랑해주면 좋겠어요."

"어린 시절의 너와 지금의 너는 어떤 차이가 있지?"

"어린 시절에는 부모의 보호와 사랑이 필요했는데 내가 할 수 있는 일은 하나도 없었어요. 하지만 지금은 내가 자녀들이나 남편에게 사랑을 줄 수 있어요. 사랑받지 못해 불안해하기보다 내가 먼저 다가갈 수 있어요."

이 말을 하는 희정이의 표정이 조금 전보다 편해 보였다. 나는 희정이에게 언제든 답답할 때 연락해서 나를 이용하라며 농담을 건넸다. 희정이는 쑥쓰러운 듯 고맙다는 말을 해주었다.

희정이뿐만 아니라 사람은 누구나 자신이 알고 경험한 대로 행동한다. 경험을 통해 느낀 감정들이 무의식에 저장돼 있다. 왜곡된 가치관을 형성해 단단한 신념을 만든다. 이 신념은 자신도 모르게 삶을 움직이고 조정하기도 한다. 우리는 무의식에 들어 있는 감정을 살펴보고 이 감정이 처음 형성된 시기를 찾아서 해체해야만 이것으로부터 얽매이지 않고 해방될 수 있다.

때맞춰 영희와 아내가 들어왔다. 두 사람은 분위기를 이미 알았다는 듯 시끌벅적하게 말을 걸었다. 바깥 경치가 좋은데 함께 나가자, 석양이 너무 좋다면서 희정이의 팔짱을 꼈다.

바다 끝에 걸쳐진 석양은 장관이었다. 하늘을 감싸는 노을빛이 더없이 따뜻하게 느껴졌다.

내면의 아이를 품어라

"상처받은 어른을 고치는 것보다
아이를 튼튼하게 기르는 것이 더 쉽다."

– 프레더릭 더글라스(frederick Douglas)

일주일 정도 지나서 희정이의 남편인 성길 씨로부터 전화가 왔다. 성길 씨는 아내와 내가 대화를 나눴다는 걸 들었다면서 내게 하루 정도 시간을 내줄 것을 요청했다. 서예를 즐기는 성길 씨의 취미를 고려해서 추사 김정희 선생의 고택을 방문하자고 제안했다.

약속 당일, 오전 상담을 일찍 마치고 성길 씨와 함께 추사 김정희 선생 고택으로 출발했다. 1시간여 정도 도로를 달려 충남 예산군 신암면에 있는 추사 고택에 도착할 수 있었다.

중앙으로 고택이 있고 왼쪽으로 추사기념관, 그 옆으로 공원처럼 펼쳐진 잔디밭에 월성위 김한신의 묘와 추사 김정희 선생의 묘가 있다. 오른쪽으로는 드넓은 잔디동산에 화순옹주의 홍문 그리고 소나무 공원이 조성되어 있다. 생각보다는 넓었고 꽤 큰 잔디 동산으로 연결되어 있었다. 공원과 고택 뒤로는 야산이 쭉 연결되어 있고 소나무들이 솟아 있었는데, 마치 고택과 공원을 보호해주는 것 같았다. 고택 맞은편에는 추사 선생이 되어 보는 시간을 가질 수 있는 추사 체험관도 자리하고 있었다.

먼저 추사기념관과 공원을 돌아보고 고택으로 들어갔다. 추사 고택은 추사의 증조부이며 영조 임금의 부마 월성위 김한신이 1700년대 중반에 건립한 53칸 정도의 양반 대갓집으로, 추사 선생이 이곳에서 태어나서 성장한 곳이라고 기록되어 있다.

해설사의 해설을 들으면서 고택의 역사와 곳곳의 이력에 대해 자세한 설명을 들었다. 고택에 걸려 있는 추사 생애 최고의 명작 〈세한도〉를 자세히 보고 설명도 들었다. 화순옹주가 거처했다는 방의 구조도 세밀히 살펴보았다.

건물 주위로 산수유와 수선화가 꽃망울을 터뜨릴 준비를 하고 있는 게 눈에 띄었다. 봄이 찾아왔다는 게 피부로 느껴졌다. 우리는 고택을 나와서 야산으로 올라갔다. 야산에는 내포숲길이라는 산책길이 명상을 할 수 있는 길로 조성돼 있었다. 우리는 각자 사색을 즐기며 추사 선생이 정진했다는 화암사까지 왕복 2km를 걸어갔다가 고택으로 돌아왔다.

고택 옆의 소나무 아래 있는 벤치에 앉았다. 이곳의 풍경은 고즈넉했다. 추사 선생에 대해서도 공부를 할 수 있었고 소풍을 즐기기에도 좋은 곳이었다.

"오늘 형님과 이렇게 추사 고택을 보게 될 줄은 몰랐어요. 평일이라 한산하고 여유도 있어 마음이 편안합니다."

"나도 아주 좋네요. 벌써 1시가 넘었군요."

성길 씨는 배낭에서 김밥과 과일을 꺼냈고 나도 준비해온 점심을 꺼냈다. 풍경을 찬 삼으니 밥이 꿀맛이었다. 준비해온 음식이 빠르게 동났다.

봄날에 드는 볕이 따뜻했고 마음도 포근했다. 성길 씨가 준비해온 차를 마시면서 망중한을 즐겼다.

얼마간의 시간이 지난 후에 성길 씨가 먼저 이야기를 꺼냈다.

"저희 부부 얘기를 다 들으셨는데, 형님은 제가 해야 할 일이 뭐라고 생각하세요?"

나는 희정이의 이야기를 듣기는 했지만 사람은 서로의 입장과 느낌이 다르니 성길 씨의 입장을 듣는 것이 더 중요하다고 했다. 그리고 성길 씨가 해결하고 싶은 사항을 이야기해주면 좋겠다고 말해주었다. 그는 차분하게 고개를 끄덕였다.

그는 아내의 의심과 매일 들볶였던 일들에 관한 이야기를 차근차근 해나갔다. 대부분 희정이가 말해준 것과 동일했다. 다른 점이라면 성길 씨는 자신이 피해자의 입장이라고 생각하는 것 같았다.

말하다가 화가 올라오는 것 같은 느낌도 있었으나 최대한 웃어가면서 평정심을 유지하려고 노력했다.

"그동안 정말 힘들었겠어요. 가족을 위해 열심히 일하면서 아내로부터 인정을 받지 못했다는 생각도 했을 것 같군요."

내 말이 끝나기가 무섭게 그의 입에서 큰 한숨 소리가 터져 나왔다. 한동안 침묵의 시간이 흘렀다.

"아내의 어린 시절 생활에 대해서 들어본 적이 있나요?"

"아니오, 어린 시절 이야기는 전혀 들어본 적이 없습니다. 그렇지만 대략적으로는 알고 있습니다."

"성길 씨가 어느 정도 알고 있는지를 들어보고 싶군요."

성길 씨는 아내가 어린 시절 새어머니에게서 가혹한 학대를 받은 일을 어렴풋이 들었다고 했다. 장인어른에 대한 인상은 나쁘지 않았다. 그의 장인은 공부를 많이 했지만 잘 풀리지 않아서 경제적으로 어려웠다는 걸 알고 있다고 했다. 그리고 아내는 학교를 졸업하고 사회인으로서 별 문제 없이 생활한 사람이라고 말했다.

이야기를 끝낸 성길 씨는 괴로운 표정으로 물었다.

"왜, 그렇게 의심을 하고 사사건건 간섭하고 못살게 구는 걸까요?"

그는 정말로 이해할 수 없다는 표정을 지으며 나를 응시했다. 일반적인 시선에서 보면 희정이의 행동은 상식에 맞지 않고 오기와 억지로 일관하는 것처럼 보일 것이다. 그러나 나는 희정이의 행동이 희정이 입장으로 봤을 때 지극히 정상이라고 말해주었다. 한 발 더 나아가 성길 씨가 놓쳤던 점이 있다고 했다. 성길 씨는 눈을 크게 치켜뜨면서 "아내가 정상이고 내가 잘못한 것이 있다고요?"라고 물었다.

성길 씨가 놓쳤던 것은 아내가 마음의 상처가 큰 사람이라는 사실이었다. 어린 시절 치명적인 상처를 받고 그걸 품은 채로 어른이 되는 사람들이 있다. 마음속 상처를 치유하지 못했기 때문에 불행하게도 가장 가까운 가족들에게 그 상처를 투영하며 살아간다. 희정이는 마음속에 있는 상처받은 '내면 아이'가 겉으로 표출된 상황이었다. 남편은 아내가 마음의 상처가 깊을 거라는 걸 알고 있으면서 그것에 무관심했다. 자기 할 일만 하면 될 거라 생각하고 마음으로 다가서지 못했다.

성길 씨는 묵묵히 내 말을 들었다. 고요한 침묵 속에 새소리만 들렸다. 얼마간의 시간이 지났을까. 성길 씨가 입을 열었다.

"아내가 하는 행동은 단순히 보면 억지, 오기인데 사실은 어린 시절 받아온 정서적 학대를 비정상적으로 표현하고 있다는 거군요."

사람은 어릴 때 부모의 사랑과 보호 속에서 자기감정을 표현하는 법을 배운다. 그러나 희정이는 부모의 무관심, 학대 속에서 감정을 표현하기는커녕 억누르며 지냈다. 부모의 학대 때문에 탄생한 왜곡된 가치관을 현재의 가족들에게 그대로 표현하고 있었다. 이런 것을 심리학에서는 '피해자였던 사람이 가해자와 동일시되어 나타나는 현상'이라는 본다. 또한 희정이가 일상적인 언어로 자신의 감정과 욕구를 표현하지 못하고 오기와 억지로 광기를 부리는 것을 '비언어적 표현'이라고 한다. 희정이는 일상적 언어로 상대를 배려하면서 대화하는 법을 배운 적이 없었기에 그랬던 것이다.

성길 씨의 눈가에 이슬이 살짝 맺혔다.

"저도 느끼는 부분이 많네요. 저는 부모로부터 학대를 받지 않았지만 너무 가난했거든요. 부모님이 아침부터 밤늦게까지 일하셨기 때문에 의지하기 어려웠어요. 저 역시 남을 배려하거나 남에게 다가가는 법을 배울 기회가 없었고요. 제 잘못은 아내의 마음을 몰라준 거였군요."

어린 시절 상처를 극복하지 못해 자존감이 심각하게 저하된 사람은 상시적인 불안감과 분노에 시달린다. 그래서 누군가로부터 따뜻한 사랑과 보호를 갈망해도 그걸 요구할 때 거친 말과 행동으로 표현한다. 희정이의 행동은 타인이 볼 때는 이율배반적이지만 그 상황을 들여다보면 그럴 수밖에 없었던 것이었다. 설사 상대가 따뜻한 마음을 표현하더라도 어색하고 낯설 수 있으며, 상대가 자신을 일시적으로 달래기 위해서라고 의심할 수 있다. 이런 의심의 뿌리는 결국 자신이 버림받을 수 있다는 두려움이다.

나는 그의 이해를 돕기 위해 책에서 봤던 '상처받은 내면의 아이'에 대한 이야기를 하나 들려주었다.

한 여성이 있었다. 그녀가 다섯 살 때 어머니가 시골의 외할머니 집에 자신을 남겨두고 떠나갔다. 세 밤만 자면 데리러 오겠다며 떠난 엄마는 석 달이 되어도 돌아오지 않았고, 3년이 지나도 돌아오지 않았다. 그녀는 매일 큰길가에 나가서 "엄마 빨리 와!"라고 소리치며 울었다. 하지만 끝내 엄마를 만나지 못했다.

성인이 된 그녀는 남을 믿지 못하고 항상 의심하며 원망했다. 일이 잘못되면 늘 남 탓을 했다. 사람으로부터 상처를 받을 때마다 방에서 혼자 울부짖었다. 어릴 때 엄마를 목놓아 울면서 찾았던 아이가 그녀의 마음속에 생생히 살아 움직였다.

시간이 좀 더 흐른 후 그녀는 자신의 마음속 내면 아이를 알아차렸다. 그 아이는 50년간 방치되어 있었다. 엄마에 대한 그리움에 너무나 목마른, 처량하고 불쌍한 그 아이를 위해 목놓아 울어줘야 한다는 걸, 그래야 하는 사람은 바로 자기 자신이라는 걸 깨달았다. 그녀는 울부짖고 또 울부짖었다. 온몸의 모든 기운을 다 쏟았다고 느낄 지경이 되자 그녀는 기절했다.

다시 정신을 차린 후에 그녀는 비로소 알 수 있었다. 그동안 자신이 왜 사람들을 불신했는지, 왜 채워지지 않는 고독이 있는지, 왜 끊임없이 그리움을 느끼는지를 말이다. 그녀는 마음속 내면 아이를 끌어

안고 다시 한번 위로해주면서 오랫동안 남아 있던 상처를 치유할 수 있었다.

어린 시절 학대를 당하며 공포에 시달린 아이들은 마음속에 깊은 상처를 가지고 있다. 그 상처는 상황에 따라 부지불식간에 외부로 표출된다. 이런 상처들을 '내 안의 또 다른 나' 또는 '상처받은 내면의 아이'라고 칭한다. 그 아이를 잘 보듬어주고 어린 시절 새겨진 상처를 녹여주는 일은 인내심이 필요하다. 반복해서 꾸준하게 해야 한다. 그래야만 그 당시의 나와 현재의 나는 둘이 아니고 하나가 될 수 있다.

"형님, 정말 감사합니다. 앞으로 어려울 때 또 도움을 청해도 되겠지요?"

"당연하지요. 희정이 마음을 잘 만져주세요."

우리는 음료수가 든 종이컵으로 가볍게 건배를 하고 자리에서 일어섰다. 고택 한구석에 화사하게 핀 꽃처럼 희정이와 성길 씨의 앞날이 밝아지기를 마음속으로 바랐다.

나도 이제는 안정을 찾고 싶다

속리산국립공원 세조길

속리산국립공원에 도착했다. 20년 만에 오는 곳이라 입장권을 발급 후 설레이는 마음으로 들어갔다. 오늘은 웬지 마음에 여유가 있고 발걸음도 가볍게 느껴졌다. 우리는 항상 산을 가면 정상을 밟고 내려오는 것을 목표로 했는데 최근 들어서는 나이에 따른 체력과 건강을 고려하여 산행코스를 상황에 맞게 조정하기로 했다. 그래서 오늘은 속리산의 문장대와 천왕봉의 산행 거리와 난이도를 고려하여 산행은 하지 않고 속리산의 둘레길 격인 세조길을 걷고 법주사를 관람하기로 사전에 약속을 했다.

입장하여 10분 정도 걸으니 세속의 세상과 부처의 세상, 경계선을 나타내는 일주문이 나왔다. 이곳을 지나자 법주사는 바로 왼쪽, 오른쪽으로는 세조길이 표시되어 있었다. 세조길은 '조선 7대 임금인 세조가 온양온천으로 요양차 가던 중에 스승인 신미 대사가 머물고 있는 복천암을 방문하기 위해 오가던 순행길'이라고 기록되어 있었다.

복천암까지 3.2km 세조길을 택했다. 세조길은 양쪽으로 이어지는 초록빛 나무의 녹음과 계곡의 맑은 물이 기분을 상쾌하게 만들었고 불어오는 선선한 바람 덕분에 발걸음도 경쾌했다. 길바닥은 야자수 껍질 매트가 깔려 있어 걷기에 편했고 길의 폭도 넓어서 일행 세 사람이 나란히 걸어갈 수 있었다. 이 숲길은 전나무와 향기가 나는 계수나무, 고로쇠나무, 단풍나무 잎들이 초록빛으로 휘감은 울창한 숲길이었다. 1km 정도를 걷다 보니 넓은 호수가 나오고 쉬어가라는 벤치도 자리하고 있었다. 그곳에 앉아서 호수를 바라보며 김밥과 과일로 때늦은 점심을 했다. 잔잔한 호수를 바라보면서 두 다리에 휴식을 주니 건너편의 수월봉에서 불어오는 바람이 기운을 돋아 주었다. 산으로 연결된 봉우리들이 호수의 평화를 지켜주는 수호신처럼 보였다.

잔잔한 호수와 산의 봉우리를 보면서 사색을 즐기다 다시 걷기 시작했다. 이 길을 계속 걸으면서 기철과 형준은 이렇게 아름다운 길을 걸을 수 있는 것도 큰 행복이라고 하면서 감흥이 저절로 올라오는 서정적인 길이라고 칭찬을 아끼지 않았다. 걸으면 걸을수록 기분이 좋았다. 세조길을 걸으면서 울창한 숲과 나무의 향기에 취했고 좌측으로 맑은 물이 흐르는 계곡이 끝까지 연결되어 있어서 시원함을 더했다. 무릉도원이 따로 없었다. 계곡 옆으로는 차량이 다닐 수 있는 차도가 조성되어 남녀노소는 물론 교통약자도 이용할 수 있도록 탐방길이 조성되어 있었다.

세조길을 2km 정도 가다 보면 '목욕소'가 나오는데 이곳은 세조가 목욕을 하고 피부병이 나았다고 해서 목욕소라 불리고 있다. 세조길을 걷는 내내 피톤치드 덕분에 피로감을 전혀 느끼지 않고 정신이 맑아지는 느낌을 받으면서 걸었다.

"피톤치드는 나무들이 해충으로부터 자신을 방어하기 위해 발산하는 물질인데 해충에게는 치명적이지만 사람에게는 심리적 안정과 스트레스 해소, 심폐기능 강화 등의 효과를 주고 있다."라고 나무에 대해 잘 아는 기철이가 설명을 하면서 걸었다. 피톤치드를 맞으며 기분 좋게 걷다 보니 세심정이 나왔다. 세심정의 뜻은 "복잡하고 힘든 문제를 저 산 밖에 내려놓고 이곳에서는 지금 내 앞에 보이고 느껴지는 것들을 즐기라."라는 뜻을 가진 정자라고 한다. 지금은 세심정 터에 정자는 없고 등산객들이 쉬어갈 수 있는 쉼터로 변해 있었다. 이곳에서 탁주를 한 사발하고 나니 세상의 근심과 걱정이 연기처럼 사라지는 것이 마치 도인이 된 듯한 기분이 들었다.

세심정에서 복천암까지는 0.5km로 가파르지만 아주 짧았다. 한걸음에 복천암에 올라 경내를 돌아보고 용맹정진하는 스님들께 피해를 주지 않기 위해 서둘러 나왔다. 이곳부터는 문장대, 천황봉까지 가는 등산코스인데 다소 아쉬움이 있었지만 발걸음을 돌렸다. 복천암과 세심정 중간길은 초록의 나무들이 하늘을 뒤덮어서 마치 하늘이 초록빛으로 변한 것 같은 착각을 불러일으킬 정도였다. 초록의 나무들, 맑은 물이 흐르는 계곡, 청명한 날씨 등 오늘의 세조길은 매혹적이고 감흥을 일으키는 길이었다. 가족과 연인들이 걷기에는 만족스러운 길이라는 생각이 들었다.

하신길은 올라올 때와는 반대로 차도를 이용해서 걸었다. 세조길 시작 지점에 있는 법주사에 들렀다. 경내를 돌아보니 다른 절에서 볼 수 없는 금동미륵대불이 자리하고 있었고 방문객들이 기도를 하고 있었다. 이 대불은 1987년에 청동대불로 2000년에 금동미륵대불로 명명하였다고 한다. 법주사는 '불법이 머무르는 곳'이라는 의미를 가지고 있으며 유네스코 세계문화유산에 등록된 사찰이다.

오늘의 트레킹이 모두 끝났다. 마음이 홀가분하고 개운했다. 하이파이브를 하고 펜션으로 돌아오니 왕복 10km 정도 되었다.

펜션에 들어왔다. 저녁을 같이 하고 세조길에 대한 추억으로 이야기를 하면서 모두 만족감을 표시했다. 야외데크에서 커피 한잔을 즐겼다. 5월 중순이라 밤공기는 적당했다. 요즘 재혼을 준비하는 형준에게 가볍게 질문을 던졌다.

"재혼준비는 잘 되어가고 있어?"

"덕분에 잘 되어 가고 있어."

"올해는 좋은 일 있겠네."

"지금 진도로는 그럴 수 있을 것 같은데, 사람 일이란 모르지."라고 말하는 그의 밝았던 얼굴이 다소 우울해지는 것 같았다. 세상을 떠난 아내의 생각이 난다는 것을 직감적으로 느꼈다.

그는 은행에서 40년을 근무하고 명예퇴직을 했다. 그는 상업 고등학교를 졸업하고 은행에 입행했다. 입행 후 야간대학, 대학원까지 공부를 계속했다. 40대 후반인 그는 성실함과 책임감, 그 자체로 살아온 인생이었다. 아내와 사이는 더할 나위 없이 좋았고 두 딸도 수도권 대학을 다니고 있어서 집안의 걱정거리가 없는 행복 그 자체였다. 그의 직장생활은 무난해서 은행지점장 발령을 받았다. 일반 서민의 입장에서 볼 때 모든 것이 매우 풍족하지는 않지만 부족함 없는 생활을 하고 있었다.

그러던 어느 날부터인가 아내가 좀 피곤하다고 일찍 잠자리에 들기 시작했다. 보통 밤 11~12시에 정도 같이 자는데 며칠째 8~9시 정도만 되면 피곤하다고 먼저 방으로 들어가곤 했다. 일주일 정도 계속되자 이상하다는 생각이 들었다. 큰 병원에 가서 정밀 진단을 하는 것이 좋겠다고 검사 예약을 했다. 딸이 쉬는 날 아내와 같이 가서 진단을 마치고 결과를 기다리는데 며칠 후 아내로부터 전화가 왔다. 병원에서 보호자와 같이 오라고 연락이 왔다고 했다. 다소 불안한 마음으로 아내와 병원을 찾았다. 아내는 밖에서 대기하고 의사를 만났다.

의사는 아내의 병에 대해 부인과성 암이라고 설명을 했고 빨리 입원하여 수술을 해야 된다는 것이었다. 의사는 태연하게 말하는데 그는 순간 현기증을 일으킬 정도로 휘청했다. 가정의 평화가 깨지는 소리가 나는 것 같았다. 평정심을 유지하고 귀가하여 가족과 모여 의사의 진단을 설명했다. 병원에서는 악성이라고 했지만 이를 숨긴 채 의사의 권유대로 수술 준비를 위해 입원을 했다.

수술을 하고 매월 정기검사를 하면서 항암치료가 계속되었다. 일주일은 검사 및 항암치료 또 일주일은 병원에서 회복 기간, 일주일은 집에서 약을 먹는 기간이 계속되었다. 언제 끝날지 모르는 투병생활이 길어질 것만 같았다. 1년 후 그의 아내는 암이 재발되었고 다시 수술을 했다. 다소 건강한 암 환자는 당일 항암치료를 받고 귀가하는 경우도 있는데, 그의 아내는 경과가 좋지 않아 입원한 후에 다른 검사를 하고 항암치료를 하니 입원 기간이 다른 환자들보다 길었다. 두 번 수술 후 지인들의 추천을 받아서 부인과성 암으로 유명한 병원으로 옮겼다.

그와 그의 아내는 독실한 기독교 신자였다. 그는 매일 새벽기도를 하였고 교인들도 아내를 위해 중보(남을 위해 하는 기도) 기도를 돌아가면서 해주었다. 그 덕인지 아내는 2년이 지나면서부터 다소 회복이 되는 것처럼 보였다. 인생 일이란 모르는 일이기 때문에 남자친구가 있던 큰딸을 서둘러 결혼시켰다. 딸의 결혼으로 엄마의 행복을 느끼면서 건강은 기적적으로 회복되는 듯했다. 다소 희망적인 모습을 보이자 그는 빠른 회복을 위해 공기가 좋은 충남 서산의 시골에 방을 얻어 요양을 할 수 있도록 했다. 주말에는 서울 집으로 데리고 와서 간호를 했다. 아내의 운동을 위해서 집도 산 근

처로 이사를 해서 토, 일요일에는 집에서 아내와 같이 산책을 하곤
했다.

다소 건강을 되찾고 활동을 하던 아내는 2년 후 다시 재발하여
세 번째 수술을 했고 투병 생활은 계속되었다. 그와 두 딸들은 지
친 모습 없이 처음과 같은 마음으로 병간호를 했다. 그렇지만 그들
이 간절히 바랐던 기적은 일어나지 않았다.

세 번의 암 수술과 52번의 항암치료를 받으면서 지낸 7년의 투
병 생활 끝에 그의 아내는 세상을 떠났다. 세상을 떠나기 전 3개월
부터는 약물의 효과도 없는지 통증을 참지 못하고 아픔을 호소하
는 아내를 보면서 아무것도 할 수 없는 자신의 무기력함을 느꼈다
고 했다

그의 아내는 "당신의 헌신적인 사랑에 감사하지만 고생만 시켰
네요."라고, 그는 "나도 당신과 같이 끝까지 가고 싶다."라고 말했
다. 서로 잡은 두 손에 눈물이 떨어졌다. 두 손을 잡고 하염없이 울
면서 아내는 세상을 떠났다는 말을 하는 그의 두 눈에 그때의 눈
물이 흐르고 있었다. 친구의 말을 듣는 나도 슬픔의 눈물이 흐르고
있었다.

나는 그의 손을 잡고 일어나 속리산 입구의 길을 같이 걸었다.
어느 정도 시간이 지나자 그는 평정심을 유지하는 것 같았다. 그의
아내가 세상을 떠난 1년 뒤 그의 둘째 딸은 결혼했다. 마음이 진정

되고 다시 펜션 마당으로 들어왔다. 편의점에서 사온 음료수 한 캔을 서서히 마셨다.

아내가 세상을 떠나고 3년 정도 지난 어느 날, 딸, 사위와 같이 어린이 대공원 둘레길을 돌았다. 점심을 먹기 위해 나무 데크에 앉아 식사를 끝낼 즈음 큰딸이 "아빠가 다른 부부가 손을 잡고 다니는 것을 유심히 쳐다보는데 마음이 너무 아프네."라고 말하자, 작은딸도 "전에 집에서 식사하고 가시는 아버지의 뒷모습이 너무 쓸쓸해 보였어…."라고 말하며 울먹였다. 이제는 엄마에게도 우리에게도 아빠가 할 일을 다 했으니 좋은 여성을 만나는 것이 좋겠다며 권유를 했다.

딸과 사위의 권유도 있었지만 아내와의 사이가 너무 좋았던 그는 마음정리를 하는 데 좀 더 시간이 필요했다. 그로부터 1년 후 그는 재혼을 위해 결혼 정보회사에 가입했다. 20대의 처음 결혼은 사랑을 전제로 하는데 재혼은 건강, 재산, 자녀관계 등 여러 가지 조건을 필요로 했다. 3개월 전부터 마음에 맞는 여성을 만나서 교제 중에 있다고 얼마 전에 들었다.

그의 재혼 과정을 축하하기 위한 자리가 다소 무겁게 시작되었지만 청량음료를 마시는 그의 모습은 평정심을 유지하고 있었다. "나도 이제는 안정을 찾고 싶다."라고 말하는 그의 모습은 차분하고 홀가분해 보였다. 새로운 인생을 준비하는 그에게 희망이 엿보이기도 했다. 더 이상 말없이 밤하늘을 보면서 그의 마음이 예전에 지나간 사랑과 다가오는 미래의 사랑이 한결같기를 이심전심으로 바랐다.

딸의 내면에서
엄마의 감정을 찾다

강원도 평창 선재길

친구 동기로부터 연락이 왔다. 시간이 되면 부부 동반으로 여행을 한번 가자는 제안이었다. 장소와 일자를 알려주면 다음 주 중에 1박 2일 정도 갈 수 있다고 대답했다. 그는 아내들이 무난히 걸을 수 있는 평창에 있는 월정사에서 상원사까지 선재길을 가자고 제안했다.

일주일 후 동기의 차로 두 가족이 출발했다. 월정사 주차장에 차를 세우고 월정사에서 상원사로 가는 선재길을 선택했다. 깨달음의 숲길로 시작되는 이 길은 시작부터 좋았다. 계곡으로는 물이 흐르고 숲속에서는 새소리가 들렸다. 오늘은 최고의 무더위지만 숲길은 햇빛이 가려져 더위를 느낄 수 없었다. 나와 친구는 앞에서 걸었고 아내와 동기의 아내 수정 씨는 뒤에서 이야기를 하면서 걸어왔다. 물론 보폭의 차이가 있기 때문에 기다리다 걷다를 반복하면서 보조를 맞춰가며 걸었다. 이 길은 평지길인데 대부분 돌길이고 높낮이도 있어서 걷는 시간이 더디었다. 한 시간쯤 걸어서 계곡 주변이 편평한 바위가 있는 쪽에 점심을 위한 자리를 잡았다.

각자 준비해온 음식으로 식사를 하고 차도 한잔하고 물가에 들어가 망중한을 즐겼다. 평상시 명랑하던 수정 씨는 오늘은 거의 말이 없었다. 다소 의외였지만 '무슨 사정이 있겠지.' 하고 아무 말도 하지 않았다. 점심을 끝내고 계속해서 길을 걸었다. 숲길로 이어진 길은 처음부터 끝까지 계곡이 연결되어 물소리, 새소리가 기분을 맑게 해주었다.

동기와 나는 빠른 걸음으로 앞서 걸었고 아내와 수정 씨는 좀 늦게 걸어오고 있었다. 우리는 먼저 도착해서 상원사 입구의 찻집에서 그들을 기다렸다. 그들이 도착해서 차를 마시고 경사가 심한 오르막을 걸어 상원사로 올라갔다. 상원사에서는 여유 있게 주변을 돌아보았다. 아내가 곁으로 와서 수정 씨가 무슨 일이 있는지 좀 우울한 것 같다며 나에 대해서 상담경력 및 주로 어떤 대상을 상담하는지 자주 물었다고 했다. 그리고 심리상담에 대해 궁금한 것이 많은 것 같다고 귀띔을 해주었다.

상원사 구경을 마치고 동기와 둘이서는 걸어서 내려갈 수 있었지만 아내들의 체력을 생각해서 하산길은 버스를 이용했다. 올라갈 때 4시간 걸었던 이 길은 버스로 20분 만에 하산했다. 아내와 수정 씨가 상원사 아래쪽에서 국립공원 입구로 이어지는 잣나무 길을 걷자고 해서 맨발로 걸었는데 나는 발바닥에 티눈이 있어 매우 불편했다. 약간 걷다가 신발을 다시 신었지만 다른 세 사람은 맨발로 아주 잘 걸었다. 나에게 발이 이상하다고 그들은 "왜, 그것도 못 가느냐?"고 장난기가 섞인 핀잔을 주기도 했다.

선재길 트레킹을 마치고 예약한 펜션에 도착했다. 펜션 사장이 반갑게 맞이했다. 방에서 좀 쉬었다 식사를 위해 데크로 나왔다. 데크 옆에 있는 텃밭에서 상추와 고추 등이 재배되어 있었는데 펜션 여사장이 마음껏 먹으라고 수차례 이야기하는 친절을 보였다. 고기를 굽고 술도 한잔하면서 분위기가 좋았지만 수정 씨는 별다른 이야기가 없었다. 침묵의 시간이 좀 흐르고 나서 동기가 수정 씨께 "심리상담사 친구가 있으니 시원하게 이야기를 해보지⋯."라고 그의 아내에게 말을 권했다. 수정 씨는 말을 하려고 왔는데 막상 말을 하려니 생각이 많아서 입이 떨어지지 않는다고 하면서 쭈뼛쭈뼛했다. 옆에 있던 동기가 우리 딸아이 때문에 협의를 할 일이 있다고 하면서 수정 씨 얼굴을 쳐다보았다.

한동안 말이 없던 수정 씨가 나를 쳐다보았다. 말을 할까 말까 망설이는 눈치였다. "저의 아내가 자리를 비켜주는 게 좋을까요?"라고 물었다. 수정 씨는 괜찮다고 하면서 딸 성희에 대한 걱정을 이야기하기 시작했다.

《빨강머리 앤》에 나오는 여주인공 앤처럼 딸이 세상을 야무지게 살기를 바랐지만 성회는 그렇지 못해서 고민이라고 했다. 주로 어떤 일이 있었는지 사례를 이야기를 해달라고 하자, 회사생활에는 흥미를 느끼지 못하고 결혼은 원하는데 남자친구를 소개해줘도 이어지는 사람이 없고 부모와 약속을 하면 지키는 법이 없다고 했다. 또 정리 정돈을 잘하지 못한 데다가 유치원 시절부터 입던 옷이나 여러 물건 등을 버리지 못해 방은 항상 지저분하고 쓰레기장같이 생활하는데 어떻게 해야 할지를 모르겠다고 어려움을 호소했다.

가만히 듣고 있던 나는 "오빠인 회철이는 어떤가요?"라고 묻자 갑자기 수정 씨는 얼굴에 화색이 돌면서 기다렸다는 듯이 다소 흥분된 어조로 이야기를 했다.

"회철이는 걱정이 없어요. 너무 똑소리 나죠. 학교 다닐 때부터 간부를 했고 취업을 해서 직장생활도 잘하고 저축도 잘해서 걱정거리가 없음은 물론 친구 관계도 원만하고 나무랄 곳 하나 없다고 아주 즐겁게 이야기를 했다. 마지막에는 말끝을 흐리면서 회철이의 반만 해도 걱정이 없을 텐데…."

"걱정이 많으시네요. 차이가 심해서…."

"왜, 그럴까요?"

"글쎄요, 수정 씨가 잘 알지 않을까요?"라고 하면서 그녀의 분위기를 살폈다. 기분이 다소 좋아진 것처럼 보여서 말을 돌리지 않고 직접적으로 질문을 던졌다.

"차이가 심한 만큼 차별도 심하지 않았을까요?"라고 말하며 슬며시 수정 씨의 반응을 살폈다. 그녀는 순간 움찔하는 것 같았지만 별다른 내색은 하지 않고 있었다. 수정 씨의 태도로 보아 마음이 덜컥했는지, 무엇을 잘못했나 하는 죄책감이 들었는지는 알 수 없었다. 몇 분의 침묵이 흐르고 나서 "우리 집안은 아들이 귀해서 눈에 띄게 차별대우가 많았다."라고 했다. 남편이 3대 독자라서 희철이를 낳았을 때는 온 집안이 경사가 났고 희철이는 사랑을 듬뿍 받으면서 자랐다. 학교 다닐 때는 공부도 잘해서 집안의 기대주로 추앙을 받았다고 했다. 그런 반면 성희는 별다른 관심을 받지 못했다고 한다. 성적도 희철이와는 별다른 차이가 없었는데도 희철이에게는 모든 것이 관심의 대상이었지만 성희의 성적에 대해서는 잘해도 습관적으로 시큰둥하곤 했던 것이다. 성희는 철저히 오빠의 그늘에 가려 존재감 없는 아이로 성장하면서도 스스로 공부하여 수도권의 대학에 무난히 입학했다.

대학에 입학 후 성희는 충분히 통학할 거리임에도 불구하고 기숙사에 들어가겠다고 했다. 그들 부부는 반대를 했지만 그녀의 고집을 꺾지 못했다. 성희는 대학 4년 동안 기숙사 생활을 했다는 말을 할 때는 목소리가 떨리고 울컥하는 감정을 미세하게 보이고 있었다. 그녀가 처음으로 부모의 말을 거부하고 고집을 부린 사건이었지만 큰 관심을 가지지 않았다고 했다. 그렇게 자기 일을 잘하던 그녀는 대학 졸업 후부터 문제가 보이기 시작했다. 취직을 하면 회사를 오래 다니지 못하고 몇 개월 만에 퇴사하는 일이 계속해서 발생했다. 집에서는 항상 자기 방에 혼자 있는데 방을 정리하는 일은 거의 없다고 하면서 말을 마쳤다.

"성희의 기숙사 이야기를 할 때 울컥하는 것 같았는데 무슨 감정의 변화가 있었나요?"라고 물었다. 한참을 말없이 있던 수정 씨는 울먹이면서 "얼마나 외로웠을까요. 소외감이 뼛속까지 사무쳤겠네요." 하면서 데크 위에 엎드려 어깨를 들썩이며 혼자 우는 것 같았다. 분위기가 갑자기 숙연해졌다. 정수와 아내는 당황하여 나를 멍하니 쳐다보는 것이, 자리를 비켜주는 것이 좋은지, 그대로 앉아 있어도 되는지를 묻고 있는 것 같았다. 한참을 엎드려 있던 수진 씨가 고개를 들어 눈물을 닦고 침착한 태도로 말을 하기 시작했다.

"내가 성희를 챙겼어야 하는데 너무 무관심했네요."라며 평정심을 찾은 목소리로 자신도 사랑과 관심을 받아 본 적이 없어서 사랑을 주는 법을 몰랐다며 자신의 잘못이 크다고 했다.

수정 씨는 어린 시절 오빠들의 그늘에 가려 학창 시절을 보냈다. 집안에서는 존재감이 전혀 없는 아이였다. 오빠와 남동생은 대학에 보내고 여자는 공부를 많이 할 필요 없다는 아버지의 말씀에 대학을 보내달라고 사정했지만 거부당했다. 그녀는 상고를 졸업하고 취직하여 혼자 방을 얻어 나가 살았다. 그리고 봉사활동 단체에 가입하여 기부금을 내가면서 열심히 봉사활동을 한 결과 주변에서는 정말 천사 같은 사람이라고 칭찬을 많이 했다. 그곳에서 남편을 만나 결혼을 했다. 봉사활동을 그렇게 열심히 한 것은 가정에서 사랑과 인정받지 못한 결핍을 채우기 위한 수단이었다는 것을 지금 깨달았다고 다시 한번 흐느꼈다.

딸이 대학에 입학해서 좀 멀긴 하지만 통학을 할 수 있는 거리인데도 기숙사에 들어간 일과 자신이 회사에 취직해서 혼자 방을 얻어 독립한 일이 그 지긋지긋한 소외감에서 벗어나기 위한 몸부림이라는 것을 피를 토하듯 말하고 있었다. 수정 씨는 딸의 문제를 이야기하면서 마음속에 간직된 '소외감'이라는 얼음덩어리를 발견했던 것이다.

"사람은 배우지 않은 것은 알 수가 없죠, 자신도 모르게 배운 역기능적인 사고가 무의식에 남아서 다른 사람에게 특히 가족에게 그대로 전하는 경우가 많습니다."라고 하자 "저는 심리상담에 대해서 잘 모르지만 소외감이 무의식에 저장되어 있었다면 '무의식'이란 게 참 무섭네요. 딸의 내면에 숨겨진 감정에서 억눌린 내 감정을 찾았네요."라고 말하면서 섬뜩한 표정을 지었다. 사람의 행동에 따라서 부정적인 감정을 회피할수록 그 감정은 더 강해지기도 한다. 그런데 그 감정이 형성된 원인을 찾아서 잘 보듬어주면 그 감정에서 자유로워질 수 있다. 수정 씨는 그 감정을 모르고 지나다 오늘 찾은 것 같다고 이야기를 했다.

"남에게 가정 이야기를 하기가 쉽지 않았을 텐데 사실대로 이야기를 잘하셨네요."라고 말하자 수정 씨는 마음에 응어리가 풀리고 딸에 대해서 이해를 할 수 있는 계기가 되어 다행이라고 했다. 엄마의 소외감이 딸을 소외시키는 결과를 초래했다고 했다. 그동안 베풀지 못한 사랑을 성희에게 베풀고 다른 문제가 있으면 그때 이야기하겠다고 하는 그의 모습에서 자존감과 자신감을 동시에 느낄 수 있었다.

"엄청난 통찰을 하셨네요. 성희의 문제를 통해서 수정 씨의 원가족에 대한 환경을 파악했고 어린 시절 핵심감정을 정확히 파악하셨네요. 더 중요한 것은 성희를 응어리를 풀어줄 수 있는 자신감을 가진 것이 너무 중요합니다." 하면서 박수를 보내자 친구와 아내도 덩달아 박수를 보냈다.

부모에게 큰 상처를 받은 아이는 자라면서 사람을 쉽게 믿지 못하는 성향을 갖게 된다. 이런 점에서 어린 시절 형성된 과거의 기억은 일생 동안 인간관계에 절대적인 영향을 미친다. 어릴 때의 내재화된 사람과의 관계가 그 후 모든 대인 관계에서 반복된다고 설명했다. 그러면서 심리적인 문제는 칼로 물 베듯이 한꺼번에 처리되는 것이 아니기 때문에 수정 씨가 그동안 베풀지 못한 사랑을 성희에게 보여주고 그다음에 상황을 보고 이야기하는 것이 좋겠다고 수정 씨의 말에 공감을 표시했다.

　잠시 침묵이 흐르고 분위가 다소 숙연해졌다. 어느 정도 시간이 흐르고 동기가 일어서더니 "오늘 심리세미나는 의미가 깊네"라고 하면서 마지막 잔의 건배를 제안했다. 잔을 마주친 네 사람의 마음이 시원하고 홀가분함을 아는지 한줄기 불어오는 바람은 우리의 내부에 있는 부정적인 무의식 감정들을 날려 보내주는 것 같았다.

아들과 친구가 될 수 있을까

안성 금광호수

　푸르른 산으로 둘러싸인 드넓은 금광호수는 평안하여 고요한 사색이 드는 곳이다. 40년 지기 원기와 금광호수에 도착했다. 호수의 큰 도로를 따라 외곽 전체를 드라이브한 후에 수변 데크길이 시작되는 석수정에 주차하고 데크길을 따라 걸었다. 드높고 파란 하늘에는 그림 같은 하얀 구름들이 여러 가지 모양으로 떠가고 있었다. 타박타박 걷는 길 왼쪽으로 넓은 호수가 펼쳐져 있고 호수 멀리 적당한 높이의 산들이 솟아 있다. 오른쪽에는 무성한 나뭇가지가 길 위로 뻗어 있어 시원한 그늘을 드리우고 있었다. 오래된 나무들에서는 세월의 흔적을 느낄 수 있었다.
　호수의 곳곳에는 낚시꾼들이 꽤 많았지만, 이곳은 방문객의 이동 편의를 위해 낚시를 금지하고 있었다. 또한 오가는 사람이 비켜갈 수 있도록 적당한 폭으로 잘 만들어져 있었다. 바람에 묻어오는 산내음으로 마음이 쾌적해지는 느낌이었다. 걷는 길을 따라 전시되어 있는 박두진 선생의 시를 볼 수 있는 것은 고상한 덤이었다.

시구를 음미하며 사색할 수 있는 기회를 만들어주기도 했다. "호수처럼 푸른 하늘에 내가 안기는 것 같았고, 온몸이 안기는 것 같다."는 시구는 마치 그 자리에 있는 내 마음을 표현해주는 것 같았다.

수변 길의 풍광을 즐기며 쉬엄쉬엄 삼십 분 정도 걸으니 시크릿 가든 같은 '강건너 뻬리'라는 큰 식당이 나왔다. 잔디밭 중앙에 있는 계단을 따라 2층으로 올라갔다. 뒤를 돌아 전면을 보니 발아래 푸른 잔디밭에는 나무들과 정자가 조성되어 있었고 양쪽에는 커다란 나무들이 연둣빛 물결을 이루고 있었다. 강 건너 호수 끝에는 높지도 않고 낮지도 않은 산이 호수를 두르고 있어서 마치, 과하지도 부족하지도 않은 중도의 이치를 말해주는 것처럼 보였다. 균형과 조화를 이루고 있는 풍경에서 따스한 평화로움을 느끼기에 충분했다. 풍광을 즐기던 우리는 자연스럽게 옆에 있는 식당으로 들어갔다.

메뉴는 민물매운탕과 장작으로 굽는 삼겹살이 있었다. 원기와 매운탕을 시켜 맛있게 먹었다. 음식 맛도 최고였지만 야외 식탁에서 바라보는 정원과 호수의 어우러짐이 너무도 멋져서 입장료를 내고서도 입장할 수 있겠다는 생각이 들었다. 파노라마처럼 펼쳐지는 금광호수의 모습에 홀려 자리를 털고 일어나기가 쉽지 않았다.

'강건너 뻬리'라는 특이한 식당 이름이 궁금하여 주인에게 '뻬리'의 의미를 물었다. 원래 지명이 '베아리'였는데 그 지명을 빨리 말하다 보면 '빼리, 빼리' 하게 된다는 것이다. 그래서 발음으로 나오는 지명을 그대로 사용하게 되었다고 한다. 점심을 끝내고 익숙해진 습관대로 커피를 시켰다. 더 멋지게 보이는 풍광을 바라보면서 휴식을 취했다.

서로 말없이 커피를 마시면서 꽤 긴 시간 침묵이 흘렀다. 차분한 표정으로 있던 원기가 입을 열었다. "아들이 20대 후반인데, 취직하면 적응하지 못하고 몇 달 만에 그만두면서 때가 되면 재벌이 되고 말 것이라는 허황된 소리만 하고 있어. 또한 남 탓만 하고 말만 하지 행동으로 하는 일은 없어. 인생에 계획이 전혀 없이 사는 것이 너무 답답하고 걱정이다."라고 하며 그는 한숨을 길게 내쉬었다. 결혼 후 아내와 많은 갈등을 겪으면서 삶을 지탱해온 고단함이 한숨 속에 배어 있었다.

둘이 눈이 마주쳤다. 그의 마음이 무거워지는 것을 느꼈지만 부드러운 표정을 지으며 말했다. "그래, 걱정이 많겠다. 우리 나이에는 자식들이 잘 되는 것이 최고의 보람인데…." 친구의 마음을 충분히 공감하며 한참을 말없이 바라보았다. 원기와는 중학교 동창이며 40년 이상을 연락하고 지내온 사이다. 그가 결혼 5년 후부터 아내와의 갈등으로 고민하다 이혼하여 혼자 아이들을 키웠던 긴 세월을 옆에서 지켜보았다.

"아들은 아마, 무의식 때문에 그럴 거야, 그 무의식이란 놈은 너무도 질기고 강하거든."

"무의식, 많이 들어보기는 했지만 구체적으로는 잘 모르겠다."

"심리학자인 프로이트는 어린 시절 심한 억압을 받거나 생존에 위협을 받은 감정이 그 상황에 머물러 성장하지 못하는 것을 무의식의 영향을 받는 삶이라고 말하지. 인간의 행동은 의식보다 무의식적 요인에 의해서 더 많은 영향을 받는다고 해. 특히 어린 시절에 겪었던 트라우마가 해결되지 않은 채 무의식에 억압되어 있으면 현실에서 이해하기 힘든 어려움을 반복하여 경험하게 된다는 가야."

그 말을 들은 친구는 "아들은 어린 시절부터 아내의 억압과 폭력으로 로봇처럼 살았는데 그 영향이 어느 시기부터 나타나고 있는 것 같아."라고 하는데 그의 목소리가 약간 떨리는 것 같았다.

자존감이 낮은 부모는 내적 힘이 약해 자녀가 부모에게 기댈 수 없다. 그런 부모 아래서 자란 아이들은 내적 혼란이 크고 자존감이 낮을 수밖에 없다. 신뢰할 수 없는 부모에 자란 아이들은 불신의 뿌리를 안은 채 성장하게 되며, 그런 아이들에게는 이 세상은 아주 위험하고 적대적이며 예측할 수 없는 곳이 되는 거다. 믿을 수 없는 부모 밑에 자란 아이는 자신의 상황을 바꾸기 위해 스스로 무언가를 하기보다는 어떤 사건이나, 사람이 자신의 현실을 바꿔 줄 것이라고 믿는 경향이 있기 마련이다.

몸은 어른인데 마치 어린아이가 엄마한테 투정을 부리듯이 화를 내기도 하고, 인간관계의 갈등이 있을 때 삐져서 혼자 말하지 않고 있을 때도 있다. 즉, 사람들한테 관심을 받고자 하는 욕구가 무의식적으로 표현되는데 그런 모습은 마치 어린아이와도 같다. 그들은 어린 시절에 누려야 할 당연한 권리를 부모로부터 박탈당하고 성장했기 때문이다.

원기는 말을 할 듯 말 듯 망설인다. 나는 그를 묵묵히 지켜보고 있었다. 망설이던 그가 선생님께 질문하는 학생처럼 물었다.

"어떻게 문제 해결 방법이 없을까?"

다소 심각하면서 경직된 표정으로 변했다.

"빨리 해결하고픈 마음이 간절하겠구나. 그런데 아들의 의지가 매우 중요해, 의지가 강하면 심리상담을 받으며 변화될 수 있어. 시간은 조금 걸리겠지만 말이야. 심리상담사도 잘 찾아야 하고, 억지로 심리상담을 권하면 오히려 역효과가 날 수도 있어서 조심스러운 일이야."

그는 한 방에 모든 것을 해결할 수 있는 화끈한 비법을 원했는데 나의 말에 실망한 듯 어두운 그림자가 드리워지는 것 같았다. 멀리 호수를 바라보던 원기가 말했다.

"《명심보감》에 나오는 글인데 '자식에게 아무리 많은 돈을 물려줘도 잘못 쓰면 필요가 없고, 아무리 책을 많이 물려줘도 읽지 않으면 필요가 없다.'더라고."라고 하면서 의기소침해지는 것 같았다.

"아들이 심리상담을 거부할 것이라고 단정하는 것 같은데?"

"매우 어렵다는 생각이 들어."

"그럼 원기, 네가 심리상담을 먼저 받아봐."

"뭐, 내가 문제가 있다는 건가?" 하고 하면서 불만 섞인 눈으로 나를 바라보았다.

"굳이 네가 심리상담을 받을 필요는 없지만 지금 상황으로는 먼저 받는 것도 좋을 것 같다. 네가 변화하면 아들도 변할 수 있거든. 너야 이성적이고 합리적이며 가치관이 확실하니 '상담을 받을 일이 뭐 있겠어.' 그렇게 여기지만 가족관계뿐만 아니라 사회생활에서도 융통성과 여유 그리고 빈틈이 필요한데 너를 보면 여유와 빈틈이 좀 없어 보여. 어느 정신과 의사는 아이들에게 무엇을 해주려고 노력하는 것이 아니라 무엇을 하지 말아야 할지 고민하고 아이의 자율성을 존중하는 각고의 억제력이 필요하다고 말하고 있어. 내가 보기에 너는 아들을 네가 원하는 방향으로 끌어당기는 노력을 하고 있는데 놓아주는 방법을 배워야 할 것 같다."

원기는 눈을 크게 뜨며 나를 바라보더니 커피를 마시며 한동안 말이 없었다. 뭔가를 생각하는 분위기였다. '빈틈' '끌어당김' '놓아주기'를 혼잣말로 중얼거렸다. 원기는 생각했다. 지금까지 살아온 세월이 여유와 빈틈이 없다. 아이는 엄마에게 억압을 당하며 살았고, 이혼하고부터는 아들의 마음속에는 부정적인 감정이 그대로 있는데 그 감정을 보듬지 않고 사회적 잣대로만 이끌려고 했다. 그러니 아들에게는 엄마, 아빠 모두 자신을 끌어당기는 사람이라고 생각할 수밖에 없을 것 같다고 말하며 아들의 입장을 이해하는 전향적인 태도를 취했다.

나는 원기에게 잘 생각했다고 하면서 아들을 위해서 상담을 받는 것이 아니라 지금까지 고단하게 살아온 원기 자신을 되돌아보면서 그동안의 노고에 자신을 스스로 위로하고 성찰하기 위해서 정신분석을 받으면 자신을 알고 아들을 이해하는 데 큰 도움이 될 것이라고 했다. 그렇게 하면 아들도 상담을 받을 가능성이 높고 친구가 원하는 '아들과 친구'가 될 수 있을 것이라고 덧붙였다. 원기가 갑자기 '아들과 친구….'라며 자신도 모르게 큰 소리로 말하자 옆에 있던 사람들의 시선이 그를 향했다. 원기도 순간 놀라서 민망한 표정을 지었다.

"나도 아들과의 관계를 정말 잘하고 싶었고 내가 바라는 아들과의 관계를 마음속에 그렸는데 어떻게 정의하지를 못해 나도 너무 답답했다. '아들과 친구'란 그 말을 들으면서 내가 바라는 단어를 찾았다는 기분에 너무 시원하고 통쾌한 기분이 든다."

그는 얼굴에 만면에 미소를 지으며 악수를 청했다. 우리는 시원한 마음으로 꽤 앉아 있다가 자리에서 일어났다.

오른쪽으로는 흙길로 된 산책로가 있다. 청록뜰과 혜산정으로 가는 길이었다. 길 양쪽으로 길게 늘어선 나뭇잎들은 무성했다. 하늘을 바라보니 나뭇잎에 가려서 파란 하늘이 연두색으로 변한 듯 보였다. 신록으로 우거진 기분 좋은 산책로였다. 호숫길을 걸으면서 여유를 즐겼고, 솔향 가득한 피톤치드 숲길을 걸으면서 마음을 비우려는 순간, 원기가 화들짝 놀랐다. 나무 아래로 큰 뱀이 기어가고 있었던 것이다. 무의식적으로 움찔했는데 뱀도 놀랐는지 재빨리 숲속으로 숨어들었다.

10여 분쯤 올라가니 혜산정과 청록뜰로 가는 길이 갈라져 있다. 먼저 좌측으로 내려가니 혜산정이라는 정자가 있다. 호수 가까이 있는 정자에 올라서 만난 풍경은 탄성이 절로 나게 하였다. 깊은 호흡으로 그 모습을 마음에 담고 흙길을 따라 청록뜰 방향으로 걸으니 울창한 숲길이 계속 이어졌다. 그 길의 끝에 무대가 있었고 버스킹하는 가수가 불우이웃 돕기 모금함을 놓고 노래를 부르고 있었다. 원기는 "혼자서 쉬지 않고 부르는 것이 힘들어 보이네. 두세 명이 교대로 부르면 좋을 텐데, 좀 외로워 보여."라고 하면서 마음을 담아 작은 기부금으로 응원을 하는 것 같았다.

원기와 둘이서 나무 그늘에 돗자리를 펴고 앉았다. 아이스커피를 마시고 각자 휴식을 즐겼다. 나는 누워서 여유 있게 쉬었고 원기는 가져온 책을 읽으면서 망중한을 즐겼다. 우거진 숲속이어서 시원했다. 원기는 벌써 아들과 친구가 된 듯한 흥분된 기분이었고 나는 원기가 그렇게 되기를 간절히 바랐다. 숲속의 나무와 새들도 원기가 아들과 친구 관계가 되기를 기도하는 것 같았다.

부부 중심으로 변해야 하는데

종로 광장시장

"사람은 공통점 때문에 친해지고 차이점 때문에 성장한다."

– 사티어

어느 토요일 오후 명수와 커피숍에서 만났다. 지난번 만남에서 흥분했던 분위기와는 달리 그는 차분하고 여유가 있어 보였다. "그동안 잘 지냈어. 오늘은 차분하게 의사소통을 하면서 이야기 하자고, 전에는 나 혼자 일방적으로 이야기를 많이 했어. 그때는 몰랐지만 집에 가서 생각해보니 감정을 주체하지 못하고 말을 해서 안정감이 없었던 것 같아."라고 하면서 민망한 표정을 지었다. 나도 그날 이야기를 듣고 놀라기도 했고 걱정도 했는데 가정불화의 원인이 무엇인지 궁금했다고 이야기를 했다.

명수에게 결혼하게 된 동기와 지금까지 부부 생활 중 겪었던 갈등 상황을 구체적으로 이야기해주면 좋겠다고 말을 꺼냈다. 그는 대기업에 다니면서 같은 부서에 근무하는 윤희 씨와 결혼했는데 회사생활에서 본 그녀는 말이 별로 없었고 상사가 시키는 일은 신속하게 처리하는 스타일이었다. 명수는 이런 태도를 보고서 결혼하면 편안하게 살 수 있겠다고 판단을 해서 1년 정도 교제한 후에 결혼했다.

그 당시는 여성은 결혼하면 회사를 그만두고 전업주부로 생활을 하는 사회적 분위기였다. 결혼 후 아내는 가사 일을 하면서 그를 편안하게 대했고 명수가 집안일을 돕지 않고 늦게 귀가하여도 크게 관여하지 않았다. 아내의 무난한 성격 덕분에 명수는 회사의 업무가 많았고 술자리도 자주 있는 관계로 대부분 늦게 귀가해도 아내가 이해를 해주어 눈치를 보는 일은 거의 없었다. 술자리가 늦으면 동료들은 집에서 전화가 와서 꼬치꼬치 캐묻는 질문에 난처해하는 모습과 아내의 바가지로 인해 부부 싸움을 했다는 피곤한 이야기를 들을 때마다 명수는 아내가 고맙다는 생각이 들면서 마음이 편했다.

아내는 일찍 일어나 아침밥을 챙겨주었으며 아무리 늦게 귀가를 해도 명수가 원하면 저녁을 차려주었고 아이들도 잘 보살폈다. 아내는 명수의 기대에 어긋나지 않게 내조의 역할을 잘했다.

결혼생활이 10년을 지나고부터 아이들이 초등학교 고학년이 되면서부터 돈 들어갈 일이 많았고 장인어른이 사업을 접어서 처갓집 경제 사정 등의 걱정으로 아내는 스트레스가 많았을 텐데 명수는 그런 일에 전혀 신경을 쓰지 않았고 시댁에서 어머니가 하라는 일은 반드시 지키도록 강요를 하는 편이었다. 아무 일 없다는 듯이 업무와 술자리 때문에 귀가 시간은 항상 늦으면서 아내의 경고음에도 귀를 기울이지 않는 시간은 계속 흘러가고 있었다. 아내 역시도 한 번 한 이야기는 다시 안 하는 성격인지라 아내의 스트레스 상황은 알 수가 없었다.

그러던 어느 날, 명수는 어머니로부터 전화를 받았다. 아내가 시부모님께 드리는 용돈을 끊어버렸고 한 달에 한 번 시댁에 오기로 되어 있는데 지난달부터 말없이 오지도 않는다는 것이었다. 그러고 보니 명수가 퇴근할 때는 아내가 항상 집에 있었는데 얼마 전부터는 가끔 집에 없는 날도 있었다는 생각이 났다. 뭔가 변화가 있다는 예감이 들었다.

다음 날 아내에게 이야기를 했지만 아내는 평상시와 달리 명수의 이야기를 듣는 둥 마는 둥 아무런 대답이 없었다. 계속해서 냉전 상태가 이어지자 명수는 여러 가지로 대화를 시도했지만 아내는 한마디도 하지 않았다. 시간이 지날수록 의견충돌은 심했다. 퇴근했을 때 아내가 집에 없는 일이 더 많아졌다. 아이들에게도 엄마 어디 갔냐고 물으면 모른다는 대답뿐이었다. 어떤 날은 아내가 밤 11시에 들어오자 "지금 뭐 하는 거냐? 집안 꼴이 이게 뭐냐?"고 큰소리를 쳤지만 힐끔 쳐다보더니 방으로 들어가버렸다. 며칠 후부터는 아침을 차려주는 일도 하지 않았다. 나중에 안 일이지만 아내는 아이들 과외를 시키기 위해 대형 마트에서 계산원으로 아르바이트 일을 3교대로 하고 있다는 것을 알았다.

차라리 아내가 다른 부부의 싸움하는 것처럼 큰소리치고 화를 내거나 악담을 퍼붓는다면 싸움이라도 크게 할 텐데 아내의 말 없는 회피가 그를 더 숨 막히게 했다. 이러한 생활은 계속되었고 몇 년이 지나고부터는 명절 때도 시댁에 가지 않겠다고 선언을 했다. 이런 일이 계속되었고 참다못한 시어머니가 오셔서 아내를 다그치기 시작하였다.

"내가 두고두고 보자니 너 우리 집안을 어떻게 보는 거야? 이게 며느리가 할 짓이냐? 세상천지에 이런 일은 처음이네. 시집올 때 혼수를 제대로 해왔어? 잘한 게 뭐 있어? 당장 용서를 빌어!"라며 큰소리를 쳤다.

그러자 갑자기 아내는 "그래요, 혼수는 많이 못 했지만 할 만큼 했어요. 어머니가 저에게 해준 것은 뭐가 있어요? 왜 내가 이렇게 살아야 해요? 왜, 뭐 때문에…. 아이들 교육비가 부족해서 내가 마트에서 돈벌이하는데 알기나 해요? 내가 돈 벌어서 계속 어머니 용돈을 줘야 되나요? 왜 그래야 되나요? 아들이 마마보이 같아요?"라며 10분 이상을 쉬지 않고 시어머니보다 더 큰소리로 맞받아쳤다.

그 순간 집안의 분위기는 얼음장처럼 굳어졌다. 명수도 놀랐지만 어머니는 더 놀라서 기절할 뻔했다. 10년을 넘게 '네'라는 대답만 했던 아내가 시어머니보다 더 큰소리로 고래고래 악을 쓰는 모습에 넋이 나간 사람처럼 아내를 쳐다보았다. 시어머니는 화를 참지 못하고 씩씩거리며 집을 나갔다. 명수가 어머니를 모시기 위해 나가려고 하자 "어딜 가? 그 정도로 안 죽어. 그냥 있어."라고 말하고 레이저 눈빛을 보이면서 문을 꽝 닫고 방으로 들어가버렸다.

그 이후부터는 아내는 무슨 말을 해도 큰 소리로 대항하고 물건을 던지기도 하고 해서 대화는 단절되었고 가정 내 이혼인 부부처럼 지내고 있다고 했다. 10년을 넘게 존재감 없던 아내는 이날부터 집안에서 본인의 영역을 지키기 위한 노력은 물론 다른 사람의 공격에 적극적으로 방어하기 위해 가시를 곧추세우는 고슴도치와 같아 보였다.

명수는 여기까지 이야기하고 탁자에 있는 물을 벌컥벌컥 마시는 것이 화가 풀리지 않는 모습이었다. 명수가 이야기하면서 다시 흥분된 듯하여 잠깐 생각을 하자고 눈을 감고 시간을 끌었다. 시간이 좀 지나고 명수가 다소 안정을 찾자 "결혼해서 집안에 신경 안 쓰고 마음대로 살았는데 이제 큰일 났다. 큰일 났어…."라고 하면서 씩 웃어 보였다. 평정심을 유지한 명수는 지금 그의 집안에서는 아내와 대화할 사람은 아무도 없으니 심리상담사인 내가 아내를 한번 만나서 해결 좀 해달라고 부탁을 했다.

지난번에 만났을 때나 지금이나 너는 잘못이 없고 네 아내만이 잘못이라고 하는 것 같아서 답답하게 느껴진다고 하자 그는 다소 움찔 하는 사람처럼 보였다. 그의 태도를 보면서 질문했다.

"장인, 장모님의 성격은 어때?"

"장모님의 성격은 아내와 똑같은데 장인어른의 성격은 다혈질이야. 근데 10년 이상을 장모님 성격을 유지하던 아내가 최근에 장인어른과 같이 다혈질로 돌변한 것 같다는 생각이 들었어."라고 말하며 뭐라도 발견한 것 같은 표정을 지었다. 아내가 시댁에 발길을 끊은 이유가 있을 것 같은데 시댁과의 관계는 어땠냐고 물었다.

그의 어머니는 아내에게 10년이 넘도록 혼수를 조금 해왔다고 불평을 하는 일이 계속되었고 매월 주는 용돈이 작다고 했다. 조금씩 올려주자고 해서 올려주었는데도 계속 이야기를 하니 아내는 스트레스가 쌓였을 것이라고 했다. 어머니는 처음부터 아내를 좀 못마땅하게 보는 편이었다. 몇 년 전에는 어머니가 아파트 잔금을 아내에게 내달라고 한 일이 있는데 아내는 한마디도 안 하고 지나간 일이 있다고 말했다. 잠시 침묵이 흘렀다.

매월 정기적으로 돈을 보내주는데 부모님의 경제적인 면을 묻자 어렵지는 않은데, 처음부터 어머니와 약속을 했기 때문에 보낸다고 했다. 경제적으로는 장인어른이 몇 년 전에 사업을 접었기 때문에 더 어려울 것이라고 했다. 이런 이야기를 하면서도 명수는 전체 상황을 읽지 못하고 오직 아내의 태도에만 집착하고 있었다.

"그렇게 내조 잘하고 말 없던 아내가 왜 돌변하고 폭발했을까?"

"살기 위해서!"

"뭐, 살기 위해서?"

명수는 이해할 수 없는 표정을 지었다.

그의 아내는 아마 결혼하기 전에도 존재감 없이 참으면서 살았을 것이고, 그 습관대로 결혼해서도 참고 살았는데 시어머니의 계속되는 구박과 은근한 비난, 그의 우유부단함과 무관심, 아이들을 건사하기 위해 돈은 부족한데 어렵지도 않은 시댁에 돈을 보내라고 강요하는 일 등을 참고 살다가 더 이상 살 수가 없어서 그동안 쌓였던 감정이 폭발했을 것이라고 했다. 단순히 결혼 후 10년이 아니라 결혼 전까지 포함해서 40년 이상을 참고 살았던 감정일 것이라고 했다.

"야, 윤희 씨가 지금까지 이혼 안 하고 산 것만 해도 감사해야 될 일이다."라고 말했다.

오랫동안 침묵이 흘렀다. 그는 처음으로 숙연한 표정이 되었다. 그의 사고를 흔들기 위해 무거운 한 마디를 가볍게 던졌다.

"너도 그리고 아내도 원가족과 분화가 안 된 것 같아."

"분화가 뭔데?"라고 하며 의자를 끌어당기며 내 말을 주의 깊게 들으려는 자세를 취했다.

"분화란 보웬이라는 심리학자가 주장한 가족 상담 이론의 치료기법인데 '타인이 아닌 자신만의 방식에 따라 기능하는 것을 배우는 과정이라 할 수 있다. 자기분화는 정신적인 사고와 감정을 분리할 수 있는 능력을 말하고, 대인 관계로부터 자신과 타인 사이의 분리를 의미한다.'라고 정의하고 있다."고 말했다.

쉽게 말해서 원가족(조부모, 부모, 형제)의 정서에 얽매이지 않고 그때의 감정에서 벗어나 자신의 주관적인 정서와 사고를 자유롭게 정립하는 것을 분화라고 한다고 다시 한번 강조했다. 명수는 알듯 말듯한 표정을 지으면서 나를 바라보고 있었다.

"결혼을 하면 새로운 가족 체계가 구성된다. 그러면 부부가 중심으로 변해야 하는데 너는 아직도 어머니 손에서 벗어나지 못한 것 같아 보여. 보통의 가정은 명절이나 부모의 생신 등 중요한 행사가 있을 때 부모님께 용돈을 드리는데 결혼 후 10년 이상을 매월 정기적으로 돈을 주고받는 것은 부모와 자식 간의 무슨 거래가 있는 것 같이 보인다."라고 말했다.

명수는 깜짝 놀라 "무슨 거래?" 하면서 화들짝 놀랐다. 나는 탁자 위에 물을 마시면서 명수의 반응을 살폈다. 일반적인 거래는 아니고 어머니는 '보상심리', 명수는 '부채감'을 가지고 있는 것 같다고 했다.

의문의 1패를 당한 것 같은 표정을 지은 명수는 깊은 생각에 빠진 듯했다. 오랜 침묵을 지키던 명수는 어머니가 다른 형제들보다 자신을 끔찍이 생각하고 배려해준 점에 애틋함을 가지고 있고 어머니도 자신에게 정신적으로 많이 기대고 있다고 생각했는데 지금 선명하게 보인다고 했다. 그리고 자신의 감정이 아내보다는 어머니께 너무 치우쳐 있어서 감정적으로 분화되지 않은 느낌이 들어서 아내에게 미안한 생각이 크게 든다고 말할 때는 목소리가 조금 떨리는 것 같았다.

명수는 빠른 속도로 자신을 성찰하고 있었다. "처음에는 답답했는데 이해의 속도가 빠르네. 멋져!" 하면서 엄지척을 해 보였다. 그는 멋쩍게 미소를 지었다.

"명수야, 아내가 바라는 것이 뭘까?"라며 질문을 던졌다. 그는 반성하는 표정으로 바뀌면서 탁자를 쳐다보았다.

"아내에게 해준 것이 하나도 없다. 아이를 키울 때도 옆에 있었던 적이 없었고 그 흔한 놀이공원 한 번 제대로 가지 못했어. 그저 회사 업무 핑계로 술만 마시고 다닌 것이 모두 다야."

쥐꼬리만 한 월급을 주면서 남편이자 아버지로서 의무를 다했다고 생각한 자신이 너무 한심하다고 하면서 그의 커다란 눈에 눈물이 그렁그렁해 보였다. 아내는 자신이 시어머니의 통제에서 벗어나서 아내와 자녀를 세밀히 챙기고 금전적으로 어려운 친정을 도와주는 것을 바라는 것 같다고 말을 했다.

"왜 이렇게 간단한 것을 몰랐을까?"라고 혼자 말하는 그의 얼굴에 아쉬움이 진하게 묻어 있었다.

마지막으로 하나 덧붙였다.

"아내, 윤희 씨도 분화가 안 된 면이 있는데 어떤 것 같아."

"성격이 중간이 없이 극단으로 변한 것인가?"

"그래, 맞아. 왜 그렇게 되었을까, 깊게 생각해봐, 간단한 것 같은데."

"장모님 성격에서 장인어른 성격으로 변했네."

"아내는 순종형에서 감당할 수 없어서 본인이 살기 위해서 공격적인 아버지 성격을 택한 거지. 부모의 정서에서 벗어나서 자신만의 사고와 정서를 확립하는 일이 윤희 씨한테는 필요한 것 같아."라고 말하자 명수의 표정이 환하게 밝아졌다. 자신의 문제와 변화를 이야기할 수 있고 아내를 분화시키는 쪽으로 리드할 수 있는 중요한 자신의 역할을 찾았다는 안도감을 느끼는 것 같았다.

심리학자 사티어는 "사람은 공통점 때문에 친해지고, 차이점 때문에 성장한다."라고 말했다. 이번 기회를 통해서 명수 부부가 크게 성장하는 날이 빨리 올 수 있기를 바라는 마음을 서로의 눈빛으로 확인했다.

"삶을 사는 방법은 두 가지 뿐이다.
하나는 기적이 없다고 생각하고 사는 것이고
다른 하나는 모두 기적이라고 여기며 사는 것이다."

_알베르트 아인슈타인

chapter 3

일, 한쪽 문이 닫히면
다른 문이 열린다

당당한 20대, 준비된 파이어족

제주 차귀도

　제주 서귀포에 있는 섬, 차귀도를 가기 위해 포구에 도착했다. 포구는 작고 아담했다. 여느 포구와 다름없이 꽤 많은 선박들이 정박하고 있었다. 포구 입구에는 오징어를 건조하고 있었는데 그 규모가 엄청났다. 마치 오징어 공장이 어디 있는가 싶을 정도였다. 그 옆으로는 오징어를 판매하는 상점들이 즐비하게 이어져 있었다. 간식으로 먹기 위해 여행객들이 오징어를 구입하는 모습도 눈에 띄었다. 나도 오징어를 두 마리 구입했다.

　차귀도는 죽도와 와도 두 개의 섬으로 이루어진 섬이다. 1970년대 말까지 7가구가 살았다고 하는데 지금은 무인도이다. 포구 건너편에는 독수리 바위, 형제 바위, 차귀도, 와도가 눈앞에 크게 보였다. 이 섬들이 포구와 가까이 있었다. 특히 와도는 수영을 해서도 갈 수 있을 정도로 가깝게 느껴졌다.

　유람선의 승선권을 구하고 탑승했다. 20명 정도의 인원이 질서 있게 배에 올랐다. 그중에 20대로 보이는 젊은 청년이 개(犬)를 데리고 혼자 탑승하는 모습이 인상적이었다. 그 청년은 반팔에 반바지를 입고 있었는데 목과 팔, 다리에 문신이 그려져 있었다. 예전에 문신은 일부 특정인들의 전유물처럼 되어 있었지만 지금은 20대에서 40대까지 적잖은 사람들이 문신을 하고 다니는 추세라서 자연스럽게 받아들였다.

배는 정확한 시간에 새하얀 파도를 일으키며 바다를 향해 출발했다. 포구에서 바로 보이는 차귀도는 출발한 지 5분 만에 도착했다. 비록 5분 거리였지만 세상에 찌들고 경쟁사회에 매몰된 일상의 세상과 에덴동산을 바다가 가로막고 있다는 생각이 들 정도로 마음이 변했다.

배에서 내려 경사진 계단을 100m 정도 오르자 새로운 세상이 펼쳐져 있었다. 차귀도의 평화롭고 따뜻한 풍경이, 치열한 경쟁사회에서 가면을 쓰고 마음의 비수를 숨겨온 나를 따뜻하게 맞아주었다. 마음이 홀가분해지면서 편안해졌다. 푸른 들판 꼭대기 위에 하얀 등대가 있고 사방으로 펼쳐진 비췻빛 바다는 맑은 햇살 아래 눈부시게 빛났다. 마치 제주의 작은 섭지코지 같기도 했고, 정면에 보이는 등대와 반대쪽의 차귀도 정상이 보이는 것이 양쪽으로 오름이 두 개 있는 것처럼 보였다.

탐방로 표시선을 따라 좌측으로 올라갔다. 300m 정도 올라가자 목책으로 만들어진 전망대에 관광객들이 사진 촬영에 바빴다.

형제 바위와 독수리 바위가 보이고 푸른 바다의 아름다움에 탄식이 절로 나왔다. 산책로를 따라 계속 걸었다. 바닷가에는 낚시를 즐기는 강태공들이 세상을 잊은 채 세월을 낚고 있었다. 들판은 평지라기보다는 오름 수준이었다. 꼭대기의 등대까지는 약간의 오르막이 계속되지만 뒤돌아보는 풍광은 높을수록 더 멋지게 보였다. 개(犬)를 데리고 다니는 청년은 나와 항상 앞서거니 뒤서거니 하면서 같이 걸었지만 서로 말은 하지 않았다. 풍광을 즐기며 하얀 등대에 올랐다.

에메랄드빛 바다가 사방에서 펼쳐졌다. 어느 작가가 표현한 대로 "세상에서 가장 넓은 비단폭을 팽팽히 당겨놓은 듯했다". 바다 한쪽에는 몇 척의 어선들이 평화롭게 정박해 있었고, 풍력 발전기는 한가롭게 바람의 속도에 따라 돌고 있었다. 오른쪽으로 한림항과 시내가 한 폭의 그림처럼 보이고 그 뒤로 아스라이 비양도가 한림항을 지키고 있는 것처럼 보였다. 사면의 바다는 아득하고 끝이 보이지 않았다.

등대의 뒤쪽에서 간단히 가져온 간식을 먹었다. 마치 그 청년도 개(犬)와 같이 오고 있어서 그를 불러 음료수를 같이 마시고 개(犬)에게도 먹을 것을 주었다. 개(犬)의 이름을 묻자 '몽돌'이라고 했다. 자연스럽게 등대에서 내리막과 오르막을 반복하니 차귀도 정상이 표시되어 있었다. 제주의 다른 오름보다는 낮은 정상이었지만 그런대로 마지막 길은 약간 가팔랐다. 등대에서 1km 정도 걸어서 정상에 도착했다. 정상은 사면이 바다였다. 다시 한번 바다에 취했다.

바닷물이 가슴으로 스며들어 메마른 곳을 촉촉이 적셔주고 흐르는 것 같았다. 바닷가에서 나고 자랐지만 바다를 찾은 적이 별로 없다. 여행 중에 바다를 보기는 했어도 오늘처럼 깊은 사색을 해본 적은 없었다. 유람선에서 내려 차귀도 관광 시간을 1시간 주었는데 시간이 다 되어가기 때문에 서둘러 선착장으로 내려왔다.

차귀도 관광을 끝내고 다시 포구로 돌아왔다. 오후 1시가 넘어서 시장기가 돌았다. 음식점을 찾다가 해물 라면집으로 들어가서 라면과 김밥을 먹고 있는데 차귀도에서 만났던 젊은 친구가 몽돌이를 데리고 들어왔다. 반가웠다.

"젊은 친구, 오늘 자주 보네, 혼자 여행 왔는 모양이야."

"아닙니다. 몽돌이와 같이 왔는데요." 하면서 웃었다. 개(犬)을 가족으로 인정하는 모습이었다.

이 말을 시작으로 그와 자연스럽게 이야기를 나누었다.

그는 타투(문신)이스트라고 자신을 소개했다. 대전에서 대학을 다니던 중 휴학을 하고 군대에 입대했다. 전역을 앞두고 대학에 흥미를 느끼지 못했던 그는 장래에 대해 걱정으로 고민하는 시간이 많았다. 그와 친하게 지내던 동기생이 "너는 디자인에 실력이 있으니 대학보다는 타투에 승부를 걸어 보는 게 좋을 것 같다. 시장의 전망이 좋으니 학벌보다는 실용적으로 일을 하는 게 좋지 않을까?"라고 제안을 했다고 한다.

그는 전역 후 수원에서 집 근처에 있는 타투숍에서 6개월 정도 타투를 배웠다. 적성에도 맞았고 나름대로 재미도 있고 할 만했다. 그 이후부터는 친구들을 불러서 무료로 타투를 해주면서 실습을 했다. 그걸 인스타그램 계정에 올렸다. 이렇게 몇 달이 지나고부터는 재료값 정도의 돈을 받으면서 아는 사람들을 불러서 타투를 해주었다. 어느 순간부터는 인스타그램을 보고 찾아오는 손님들이 많아졌다. 그는 수원지역에서는 타투의 한계를 느끼고 기술을 더 배우기 위해 서울 마포에 있는 타투숍으로 가서 활동을 했다. 제법 손님도 많아지고 타투에 대한 자부심도 생기고 고객들도 많아졌다.

그러던 어느 날 이태원에 있는 타투숍에서 인스타그램을 보고 전화가 왔다. 한국은 타투가 합법화되지 않았지만 미국은 합법화된 지가 오래되었고 활성화되어 있다. 시장도 넓고 돈도 벌 수 있으니 미국에 가서 작업을 같이하자는 제안을 했다. 이런 제안을 받은 그는 머리가 멍했다. 그 나이 28세 어디로 가야 할지 방향을 잡지 못하는 상황에서 미치도록 타투에 전념했지만 이 길이라고 확신하지는 못했다. 친구들은 군대에 있거나 대학을 다니고 있다. 그는 자신이 좋아하는 일을 찾기 위해서 사회에 뛰어들었는데 예상

차귀도는 죽도와 와도 두 개의 섬으로 이루어진 섬이다.
1970년대 말까지 7가구가 살았다고 하는데
지금은 무인도이다. 포구 건너편에는
독수리 바위, 형제 바위, 차귀도, 와도가 눈앞에 크게 보였다.

외의 성과에 기쁨보다는 어리둥절했다. 어떻게 해야 할지 방향을 잡기가 힘들었다. 생각지도 못한 기회가 너무 빨리 왔다. 아직까지 확실하지 않았던 타투가 직업으로 깊숙이 자리를 잡는 계기가 되었다. SNS가 발달 된 세상에서 살다 보니 방향과 속도가 빨랐다.

미국에 갔다. 4명이 가서 초청한 타투숍에서 일하고 숙소는 작은 아파트를 얻었다. 미국인에게 타투를 하면서 15일간 LA에서 머물며 일했다. 기간을 마치고 귀국했는데 국내에서 하는 일에 비하면 몇 배 이상의 수익을 올렸다. 이후 독일과 미국의 숍에서 중간을 거치지 않고 직접 연락이 왔다. 차례로 두 나라를 방문하여 숍에서 일하고 왔다.

이러는 과정에서 그는 미국으로 이민 갈 결심을 했다. 그가 생각하는 이민의 목적은 간단명료했다. 서울에서 부산을 왔다 갔다 하면서 일을 하듯이 국적을 취득하고 한국이든 미국이든 필요하면 언제든지 왔다 갔다 하면서 일을 한다는 것이었다. 그는 이야기를 끝내면서 지금 미국 이민 준비를 끝내고 제주에서 한두 달 쉬고 있다고 했다. 식사가 끝나고 커피를 하면서 이야기를 계속했다.

"젊은 친구, 참으로 대단하네. 짧은 시간에 자신이 좋아하고 잘할 수 있는 일을 찾아서 행동하는 게 쉬운 일이 아닌데, 벌써부터 국제적으로 활동을 하다니, 그것도 스스로 힘으로, 정말 훌륭해, 내가 본 젊은이들 중에 최고야, 최고…."라며 엄지척을 해 보였다.

그는 웃으면서 "아저씨는 무슨 일을 하시는 분이세요?"

"나는 직업이 심리상담사인데 며칠간 여행을 왔어."

"아, 그래요. 저도 심리상담을 받고 싶은 마음이 많이 있어요."

"그래, 심리상담을 받고 싶은 이유가 있을 것 같은데?"

"사람들이 싫어서요."

"사람이 싫은 이유가 특별히 있을까?"

그는 부모가 이혼을 했다고 했다. 고등학교 시절부터 20대인 지금까지 거의 혼자 생활을 했다 그래서인지 몰라도 정신이 약해질 때도 많고 사람이 많은 곳에는 가고 싶지가 않다고 했다. 친구들이 볼 때는 잘 나간다고 부러워하는데 항상 마음이 허했다. 그래서 마음의 안정과 낮은 자존감을 끌어 올리기 위해 상담을 하고 싶다고 했다.

개(犬, 몽돌)을 좋아하는 것 같다고 묻자 반려견이라 했고, 항상 데리고 다녀야 마음이 편하고 안심이 된다고 했다. 몽돌이는 하루 내내 있으면서도 한 번도 짖지 않았고 사람을 보면 무척 반가워했다. 이런 행동들은 그가 잘 훈련시킨 결과인 것 같았다. 미국에 출장 갈 때도 몽돌이를 데리고 갔다고 한다. 그는 몽돌이 때문에 외롭지 않게 보였다. 몽돌이는 그에게 반려자이자 사랑하는 가족으로 보였다. 그는 자신이 몽돌이를 보호해주듯이 자신을 보호해주고 아껴주는 사람을 찾고 있는 것 같았다. 그가 따뜻함과 포근함을 느끼고 싶은 마음을 읽을 수 있었다. 그는 가족을 그리워하고 있다는 것을 느꼈지만 그에게는 그런 말을 하지 않았다.

그를 보면서 '진정한 파이어족이구나.'라는 생각이 들었다. 파이어족은 '경제적 자립을 통해서 조기 은퇴를 한다'는 뜻을 가지고 있다. 소비를 줄이고 극단적인 투자나 저축을 하여 40대 초반에 은퇴하여 자기가 하고 싶은 일을 하고 지내는 사람을 말한다. 일반적으로 20~30대의 절반이 파이어족을 준비하고 있다고 한다. 단순하게 돈을 모으는 것보다 자신의 행복이나 여가를 더 중요시한다는 것이다.

나는 깊은 생각에 잠겼다. 우리 세대는 나이 50이 넘어서야 워라벨을 추구했지만 그것은 그림의 떡이었다. 나는 50대 후반이 되어서야 좋아하는 일과 하고 싶은 일을 찾아다니는데 20대 후반에 확실한 방향을 잡고 행동하는 그가 부러웠다. 나는 그에게 미래의 길은 확실한 방향과 좋아하는 일을 찾았으니 마음의 안정을 유지하기 위해서는 심리상담도 매우 중요하다고 했다. 정신과 육체가 건강해야만 흔들리지 않고 멋진 '파이어족'의 목표를 달성할 수 있을 것 같다고 말했다.

그는 "파이어족도 아시고 선생님은 아직 꼰대는 아니네요."라고 하면서 만난 후 처음으로 큰소리로 웃었다.

"미국에서 파이어족은 고액 연봉자가 급여를 모아 조기 은퇴한 뒤 절약하며 사회봉사 등 제2의 삶을 사는 것이었는데, 우리나라에서는 재테크로 단기간에 대박을 내고 은퇴하는 것으로 왜곡된 면이 크다."라는 글을 신문 칼럼에서 읽은 적이 있다고 했다.

그는 파이어족의 의미를 되새기겠다고 하면서 오늘 만나서 마음속에 있는 이야기를 처음으로 하니 언제나 마음속에 맺혔던 것이 풀리는 것 같아 시원하다고 했다.

식당을 나오니 봄날의 햇살이 따스했다. 파이어족으로의 성공을 바라는 햇살처럼 느껴졌다. 그도 햇살의 의미를 알았는지 해맑은 미소를 지으며 작별 인사를 나누었다.

4수, 12년 만에 변호사가 된 30대

제주 마라도

살다 보면 가끔 고독하고 외로움을 느낄 때가 있다. 항상 다르면서도 같은 듯 반복되는 날들이 지루하게 계속될 때, 잘 풀리지 않을 때, 일상이 무미건조하게 느껴질 때, 모든 것을 미루고 산이나 바다로 멀리 떠나고 싶다. 시끄럽지 않고 조용한 곳에서 잃어버린 내 마음을 찾아서 다시 돌아올 수 있는 곳이면 좋다는 생각이 든다.

산도 좋고 바다도 좋다. 산은 오르는 고통도 있지만 마음이 서서히 정리되다가 정상에서 세상을 바라볼 때는 온갖 시름이 날아가는 상쾌함이 있다. 한적한 바다는 온전히 내 것이 된 듯한 느낌을 받는다. 하얀 이를 드러내고 밀려왔다 물러가는 파도가 내 마음 같다고 느껴질 때 마음은 어느새 안정감을 찾는다.

어느 날 훌쩍 친구와 제주도로 떠났다. 성산봉과 송악산을 돌아보고 헤어졌고, 귀경 시 공항에서 만나기로 했다. 나는 다음 날 마라도를 갈 계획으로 모슬포항 쪽에 숙소를 잡았다.

아침에 일찍 일어나 마라도 가는 선박을 탑승하기 위해 여객 터미널로 출발했다. 모슬포항을 걸어서 지나갔다. 아침인데도 포구에는 많은 어선들이 정박해 있었다. 나름대로 사정이 있어서 닻을 내리고 있겠지만 배가 존재하는 목적을 잃어버린 것 같아서 씁쓸했다.

"배가 존재하는 목적은 거친 파도를 뚫고 본연의 임무를 수행하는 것이다. 항구에 있으면 안전하지만 그것은 배가 존재하는 목적은 아니다."라는 글귀를 되새기면서 해안도로를 걸어서 여객 터미널에 도착했다.

평일이라서 터미널은 한산했다. 첫배를 타고서 우리나라 최남단의 섬 마라도에 입도했다. 여객선에서 바다를 가르며 출발해서 20분 만에 마라도 선착장에 도착했다. 배에서 내리자마자 푸르름으로 물든 잔디밭이 경사진 평야처럼 펼쳐져 있다. 왼쪽 바다와 경계를 이루는 길을 따라 걸었다.

목책선 너머의 바다에 20여 척의 어선들이 나름대로 간격을 유지하면서 생업에 종사하고 있었다. 그 모습이 고요하고 평화롭게 느껴졌다. 행복한 삶의 조건 1순위는 남이 가진 것을 부러워하는 것보다는 내가 가진 것에 만족하는 것인데 그들은 자신의 능력에 만족하며 일하는 것처럼 보였다. 나는 어떻게 살고 있는가 생각하면서 내면의 욕망을 점검하는 시간이 되었다. 왠지 마음이 더 홀가분해지는 것 같았다.

경사로를 걸으니 오른쪽의 갈대밭에서는 가을바람에 갈대가 흔들린다. 누가 말했는지 모르지만 "바람에 갈대가 흔들리는 것이 아니라, 바람이 지나가는 길을 터주기 위해 갈대는 고개를 숙인다."라는 말이 생각났다. 갈대의 배려를 생각하면서 나는 이 세상을 살면서 얼마만큼 배려를 하고 살았는지를 생각하게 된다.

계속해서 경사로를 오르니 등대가 나오고 건너편에 마라도 성당이 자리하고 있었다. 수년 전 가정의 불화가 있을 때 너무 절박하여 지푸라기라도 잡아야겠다는 심정으로 성당을 갔다. 신부님이 기도를 해주면 만사가 해결될 줄로 알았던 40대 초반, 적은 나이도 아닌데 내가 너무 순진했다는 생각까지 들었다.

카렌 암스트롱의 《마음의 진보》와 니체의 《세상을 넘어 나만의 길을 가다》 책을 읽으면서 종교에 대해 눈을 많이 뜬 것 같다. 절에 가고 성당에 가는 것은 부처나 하느님이 내 문제를 해결해주기를 바라고 가는 것이 아니라 내 안에 숨어 있는 부처나 하느님을 찾으러 간다는 것을 몇 년이 지난 후에 알았다. 각자무각(覺者無覺, 깨달은 자는 깨달음이 없다)의 깨달음이 왔을 때 나의 우매함을 지각했던 기억이 떠올랐다.

세례는 받았지만 냉담한 지가 20년이 지났다. 성당 내부로 들어갔다. 한쪽 귀퉁이에 청년 한 명이 앉아서 묵상을 하고 있었다. 나도 한쪽에 앉았다. 지난날을 되돌아볼 수 있는 시간을 가질 수 있음에 감사하며 묵상을 했다. 눈을 뜨니 1시간 이상이 훌쩍 지났다. 성당을 나오니 죄 사함을 받은 것처럼 마음이 홀가분해지고 발걸음도 가벼워졌다. 뒤를 돌아보니 그 청년도 나오고 있었다. 그에 대한 호기심이 생겼다. 잠깐 기다리자 그가 내 옆을 지나가는 순간 할 말이 없어서 "묵상을 많이 했나요?"라고 그에게 말을 건넸다. 그는 멋적은 표정을 하면서 "아니오, 그냥 좋다 왔습니다."라고 말하면서 웃는 모습이 천진난만해 보였다.

자연스럽게 같이 걸었다. 아래쪽으로 내려가니 '대한민국 최남단'이라고 쓰인 표시석이 서 있다. "이곳이 우리나라 끝이구나."라는 말이 저절로 나오면서 몸으로 체험하고 있었다. 뒤쪽에 있는 여행안내소로 향했다. 이곳에는 마라도의 역사가 잘 기록되어 있었다. 지금은 35가구 50여 명이 살고 있으며 1883년부터 사람이 살기 시작하여 전체면적은 10만 평이라고 기록되어 있었다. 마라도에 사는 사람들의 삶에 대하여 깊은 상념에 잠겼다.

안내소를 나와서 해변 길을 따라 걸었다. 해변가에서 낚시하는 낚시꾼의 뒷모습이 너무도 여유 있고 편안해 보였다. 멀리서 그 모습을 찍었는데 내 의도대로 사진이 나와서 매우 흡족했다. 제주올레의 공식 주방장 원국 씨의 말에 따르면, 이곳 마라도와 가파도에서 나는 해산물들은 제주도에서도 가장 비싸게 팔린다고 한다. 거친 바다와 물살을 헤치며 생존하느라 육질이 존득존득하고 탄탄해서 그렇단다.

아래쪽으로 내려가니
'대한민국 최남단'이라고 쓰인 표시석이 서 있다.
"이곳이 우리나라 끝이구나."라는 말이 저절로 나오면서
몸으로 체험하고 있었다.

해변길로 계속 걸어가니 마라도의 명물인 짜장면 거리가 나왔다. 같이 걷던 그에게 점심을 같이하자고 식당으로 들어갔다. 인사를 하고 보니 그도 내가 살고 있는 수원에서 왔다고 했다. 시장해서인지 짜장 맛에 심취되었는지는 몰라도 단숨에 짜장면 한 그릇을 비웠다. 곱빼기를 시켰어야 되는데 아쉬웠다. 고향 후배를 만났으니 내가 돈을 내겠다고 내자 그러면 커피를 사겠다고 그 옆의 카페로 그가 안내했다. 갑자기 굉장히 친한 사이가 된 것 같은 친밀감을 느꼈다.

나는 자발적인 은퇴자인데 며칠 전부터 제주를 여행 중이라고 소개를 했다. 그는 직업이 변호사라고 하면서 일주일 휴가를 내고 왔다고 했다. 젊은 친구가 누구나 선호하는 전문직인 변호사, 갑자기 그에 대한 호기심이 생겼다. 그렇지만 요즘 젊은이들의 스타일상 자신을 드러내는 것에 대한 거부감도 있을 수 있다는 생각에 질문하기가 매우 조심스러웠다.

질문을 하기보다 나를 먼저 소개하는 게 좋을 것 같았다. 환갑 즈음에 상처받은 영혼에 귀 기울여주는 사람이 되고 싶어서 심리상담 대학원에 입학해서 졸업했고, 지금은 심리상담사 일을 하고 있다고 나를 먼저 소개했다. 그리고 김 변호사의 지금까지 살아온 과정을 간단히 듣고 싶다고 말하며 그의 눈치를 살폈다. 나의 염려와는 달리 그는 호탕하게 이야기를 했다.

"대통령은 9수를 해서 사법 고시에 합격했지만 저는 4수에 12년 만에 합격했습니다."

"4수에 12년, 더 궁금해지는데…"

"어르신이 말씀하시니 간단히 소개하겠습니다."

"어르신이 아니고 친구네 친구, 여행 친구…"라고 말했지만 그의 예의 바른 행동에 기분이 좋아졌다. 그의 이야기가 시작되었다.

그는 초등학교 2학년 때부터 가정 방문 교사로부터 영어를 배웠는데 영어가 그냥 좋았다. 노래를 듣는 것처럼 시간만 나면 영어 테이프를 들으면서 지냈다. 안산에서 중학교에 입학하고부터는 영어 회화가 가능할 정도의 수준이 되었다. 학교에서는 선생님이 학생들에게 영어로 전달이 안 되면 그에게 설명을 해주라고 할 정도였다. 그에게는 영어가 더 이상 배울 것이 없었다. 그는 학교가 별 흥미가 없어졌다. 영어권 나라에서 영어를 배우고 싶어서 외국 유학을 가고 싶다고 부모님께 요청했다. 14살 중학교 1학년 때였다.

부모님도 찬성하여 영어권 나라들을 검토했다. 미국, 홍콩, 싱가포르로 가고 싶었지만 비용이 너무 비싸서 상대적으로 저렴한 뉴질랜드를 택했다.

"어린 나이에 중요한 결정을 했네요. 부모님께서도 흔쾌히 밀어주시고, 숙소 등은 어떻게 했나요?"라고 물었다. 부모님께서 이곳저곳을 알아보셨는데 해외에 나가면 마약 등으로 탈선하는 경우도 많기 때문에 교포가 사는 집에 하숙하는 것이 안전하다고 하면서 지인을 통해 교포 집을 정해 주셔서 뉴질랜드로 유학을 갔다. 뉴질랜드는 학교가 중, 고등학교 6년제라고 했다.

"혹시 외국인이라고 차별대우는 없었나요?"

백인학교여서 동양인을 싫어하며 놀리는 아이들도 있었지만 우호적으로 대하는 친구들도 있어서 별 어려움은 없었는데 간혹 학교나 길거리에서 'Yellow Monkey(노랑 원숭이)'라고 놀리고 손가락질하는 일이 있었지만 큰 문제는 되지 않았다고 했다.

"뉴질랜드에서 대학까지 졸업을 했나요?"라고 질문을 하자 그는 갑자기 표정이 어두워졌다. 사실 저는 법관이 꿈이었는데 뉴질랜드에서 공부하면서 외교관을 해도 괜찮겠다는 생각으로 공부를 했다. 4학년 때(한국으로는 고1) 한국에서 연락이 왔다. 집에 문제가 생겼다. 집도 팔고 작은 집으로 이사가야 한다. 더 이상 학비를 지원할 수 없으니 귀국하라는 것이었다.

갑작스러운 집안의 몰락에 어안이 벙벙했고 하늘이 무너지는 것 같았다. 집안에 대한 슬픔도 컸으나 자신의 미래에 대한 불안도 그에 못지않았다. 고1에 그것도 해외에서 학업을 중단했으니 죽도 밥도 아니었다. 두려움과 공포감을 안은 채 귀국했다. 어머니가 하는 건축사업에 문제가 생겨 송사에 휘말렸고 사는 집까지 경매로 처분되었다. 버스도 안 다니는 빌라에서 겨우 잠만 잘 수 있는 곳으로 이사했다. 꿈 많은 해외 유학생에서 극빈자로 전락했다. 예전의 행복하고 평화로운 가정은 침묵만이 흐르는 가정으로 변했다.

막막했다. 매일 아침 버스를 타고 대부도로 가서 바다만 보다가 돌아왔다. 회사에 다니시던 아버지는 술을 못하셨는데 그때부터 술을 자주 마시고 퇴근하셨고 말없이 주무셨다. 산속 같은 집안에 부모님이 다투는 소리만이 가끔 있었다. 방황의 기간이 몇 달이 지속되었다. 어느 날 버스를 타고 대부도를 가는데 라디오에서 60대 할머니가 검정고시에 합격해서 배움의 한을 풀었다는 라디오를 듣는 순간, '그는 나도 지금 중졸이다. 고졸 검정고시를 보자.'는 생각이 들었다. 그는 버스를 내려 집으로 돌아왔고 그날부터 검정고시 준비를 해서 그다음 해에 합격했다. 우여곡절을 겪었지만 내 나이 또래와 똑같은 나이에 검정고시 출신 고교 졸업생이 되었다. 정신적인 안정감이 들었다. 부모님도 서서히 정신적인 충격에서 벗어나고 있었다.

다음 해에 영어 특기자로 서울의 대학 5곳 정도에 원서를 넣었으나 면접도 보지 못하고 탈락했다. 1년 후에 법관의 꿈을 버리지 못하고 지방대학의 법과에 합격했다. 어린 시절 법관이 꿈이었으나 뉴질랜드에서 외교관으로 꿈을 바꾸었던 것인데 다시 본래의 꿈인 법관을 준비하는 길은 하나의 즐거움이었다. 법대 생활 2년이 끝나고 휴학을 하고 사법고시를 위해 신림동 고시촌으로 들어갔다. 3번의 고배를 마셨다. 마지막 시험에서는 3문제 차이로 낙방했다. 너무 아쉬웠다. 눈물을 머금고 법관의 꿈을 포기할 수밖에 없었다.

휴학도 3년까지 가능하고 군대 연기도 3년까지 이어서 더 이상을 버틸 수 없어 군에 입대했다.

여기까지 듣던 나는 "휴…." 하고 한숨을 쉬면서 안타깝다고 했다. 힘든 시간 버티어내느라고 너무 힘들었겠다며 그의 어깨를 만져주었다. 그에게서 그날의 감정이 올라오는 것처럼 느껴졌다. 좀 쉬었다 하자는 마음으로 말없이 그에게 틈을 주었다. 그도 눈치로 알아차렸는지 물을 마시며 감정을 조절하는 것처럼 보였다. 한참을 서로 말없이 앉아 있었다. 나는 밖에 바람을 좀 쐬고 오겠다고 나갔다 들어왔다. 다시 그가 이야기를 시작했다.

군대는 늦은 나이에 24세에 입대했다. 군생활을 마치고 복학하여 2년 학교를 더 다니고 29세에 대학을 마쳤다. 졸업하던 해 50군데에 원서를 제출했으나 모두 서류에서 탈락했다. 그러나 낙담하지는 않았다. 선배들이나 친구들은 100군데 아니 200군데를 넣어도 합격이 어려운 것이 우리나라 현실이었다. 졸업 다음 해 잘나간다는 공기업에 원서를 냈다. 너무 많은 곳에 원서를 냈기 때문에 어디에 냈는지 기억도 나지 않았는데 뜬금없이 합격 통지서가 문자로 왔다. 너무 탈락을 많이 해서인지 느낌도 없었다. 운이 좋게도 면접을 보고 최종 합격해서 인천으로 출근을 했다. 집에서 회사까지 지하철, 버스 등을 이용해 출, 퇴근 시간이 왕복 4시간을 넘게 소요되었다. 1년 정도 회사를 다녔는데 보람을 느끼기보다는 왠지 허전한 마음이 들었고 회사에 대한 애착이 가지 않았다.

그 허전한 마음을 찾고자 가끔 수원의 광교산을 찾았다. 혼자서 광교산을 종주하고 숲속에서 멍하니 앉아 있는데 법관의 꿈이 흐물흐물 올라왔다. 허전함의 실체를 찾았다. 현실은 생계의 중요성을 강조했지만 그의 영혼에서는 법관의 꿈을 버리지 못하고 있었다.

아버지가 회사를 다녔기 때문에 가정은 이어나갔고 어머니도 한 번의 실패는 병가지상사로 여기고 다시 사업을 하여 재기의 발판을 넘어서 탁월한 사업가로 변신을 하고 있었다.

그는 고시의 열망이 더 강해졌다. 법관이 되는 길은 사법고시가 사라지고 법학대학원 제도로 바뀌었다. 부모님께 이야기는 하지 않고 서울에 있는 대학의 법학대학원 지원했지만 모두 낙방하여 지방의 대학에 합격했다. 한 학기에 대학원에서 뽑는 법학전문 대학원생은 전국에 2,500명이다. 면목은 없지만 부모님께 다시 이야기를 했다. 부모님은 회사생활 하기를 마음 속으로는 원했지만 자식의 꿈을 막을 수는 없으셨던 모양이었다. 부모님의 도움으로 법학대학원에 입학했다.

2년 6개월의 대학원 생활을 마치고 변호사 자격시험에 32세에 합격했다. 천만다행이었다. 그는 머리가 좋은 것이 아니라 노력의 대가라고 차분히 말했다. 법학전문 대학원 과정을 합쳐서 4수에 12년 걸렸고 지금 3년째 변호사 생활을 하고 있다고 했다.

나는 그에게 박수를 보냈고 물이 든 컵으로 건배를 하면서 4수로 12년 만에 변호사, 정말 잘했다고 내 일인 것처럼 축하를 했다. 부모님께서도 정말 좋아하셨을 거라고 하자 그도 고개를 끄덕였다.

지금 합격 소식을 들은 것 같은 감흥을 느끼며 서로 손을 잡고 카페를 나왔다.

카페의 반대쪽에는 마라도의 유일한 학교였던 분교 모습이 그대로 유지하고 있다. 더 이상 학생이 없어 폐교된 건물이 구시대의 상징물처럼 쓸쓸하게 자리를 지키고 있었다. 전국적으로도 도서벽지 학교들은 학생 수 부족으로 폐교되는 학교들이 늘어나고 있는 추세다. 그와 학교를 돌아보면서 인구절벽을 막기 위해서라도 직업에 대한 꿈을 이뤘으니 결혼도 빨리해서 자녀도 출산하고 행복한 가정을 이루면 좋겠다고 하자 그는 "알겠습니다."라고 힘차게 대답했다.

짜장면 거리를 나오니 드넓은 잔디 광장이 나왔다. 그 끝으로 선착장이 보인다. 어떤 여행객은 풀밭에 텐트를 치고 아들과 야영을 했는데, 우주의 별들이 다 마라도로 출동한 것 같다고 표현했다. 작가 김영갑은 그 섬에 가면 "영혼이 씻기는 것 같다."라고 했다.

우리는 잔디의 벤치에 앉았다.

"김 변호사는 꿈이 뭔가?"

"고통받는 의뢰인의 소리에 귀 기울이며 돈이 아닌 남을 위해 대변하는 변호사가 되는 것입니다."

"메슬로우는 욕구 5단계에는 마지막 단계가 자아실현의 단계까지를 말하고 있는데 다른 학자에 의하면 그 위에 초자아 실현의 단계가 있다고 하더라고."

"처음 들어보는 용어인데 초자아 실현 단계가 뭐죠?"

"초자아 실현 단계는 자신이 하는 일에 자신도 만족하면서 남을 위해서 사는 삶이다."라고 하면서 젊은 변호사 친구는 벌써 그 단계의 생각을 하고 있는 것 같아서 고맙고 흡족하다고 했다. 그는 "초자아 실현 단계 명심하겠습니다."라고 하면서 내가 건네는 손을 맞잡았다.

마라도는 생각보다 아담했다. 북적거리는 관광객의 행렬은 이어졌지만 마라도는 도시의 소란스러움과는 달리 고요함도 느껴졌다. 마라도에서 바라보는 바다의 풍광은 중후했다. 북진하는 바람을 막으며 반도를 떠받드는 자존감이 넘치고 있었다. 마라도는 가장 낮은 곳이지만 더 낮추려는 겸손함과 배려심이 묻어 있었다.

이번 제주도 여행은 일행과 며칠 일정으로 왔는데 마라도에는 혼자 들어왔다. 김 변호사와 헤어지고 혼자 사색을 즐기며 천천히 한 바퀴를 더 돌았다. 첫배로 들어와서 마지막 배로 나가는데 배 안에서 마라도를 사랑하는 마음이 가슴 깊이 스며드는 것을 느꼈다.

조령대첩, 길이 없다고 겁먹으랴

충북 조령산

아침 8시, 보슬비가 계속해서 내리고 있었다. 비가 오니 오늘 산행은 쉬어도 되겠지 하는 마음으로 미적거리고 있는데 경수로부터 전화가 왔다.

"선배, 오늘 갑니다. 비가 온다고 안 가는 것 아닙니다. 9시까지 집 앞에 도착하겠습니다."라고 전화를 끊었다. 얼마 전부터 조령산을 같이 가자고 했는데 2번이나 무슨 일이 생겨서 약속을 미룬 상태였다.

9시에 만나서 출발했다. 비가 오기 때문에 정체도 심했다. 2시간 이상을 달려서 충북 괴산과 경북 문경의 경계선인 이화령 휴게소에 도착했다. 조령산 등산로는 여러 곳이 있지만 이곳에서 가는 코스가 가장 손쉬운 코스였다. 휴게소에서 커피를 한잔하고 출발했다. 비가 주룩주룩 내리고 있어서 등산객은 우리 두 사람뿐이었다. 휴게소 앞에서 오르는 등산로는 처음부터 경사가 심하고 풀들이 크게 자라서 물방울이 살결에 닿아서 매우 차가웠다. 나는 힘들어했지만 경수는 아주 신바람 나는 표정으로 앞에서 잘 올라가고 있었다.

오르막을 계속 올라도 이정표가 없어서 잘못 온 것 아닌가 하는 생각이 들었다. 1km 정도 오르막을 지나자 조령산 이정표가 나왔다. 오르막 내리막을 거쳐 2.5km를 더 걸어 조령산 정상에 올랐다. 정상은 별다른 풍광 없이 정상석만이 의연하게 자리를 지키고 있었다.

정상에서 반대편으로 가는 길이 있었지만 우리는 이화령 휴게소 쪽으로 다시 하산을 했다. 하산길은 나무들 사이로 구름이 꽉 끼었다가 올라가는 운무의 모습이 색다른 멋을 느끼게 했다. 보기 드문 광경을 보는 것 같았다. 하산하면서 보니 우리가 오른 길은 옛길이었다. 하산 시는 새로 만든 길을 찾아서 안전하게 내려왔다. 주차했던 휴게소로 가서 늦은 점심을 먹고 차를 마셨다.

한참 다른 이야기를 하다가 궁금한 점을 경수에게 물었다.

"경수야, 무슨 일인데 그렇게 조령산에 대한 애착이 강한지 궁금해. 무슨 사연이 있어?"

"지금부터 30년 전 이야기인데, 오늘 시간이 있으니 그 사연을 한번 이야기해볼까요?"라고 하면서 이야기를 시작했다.

그가 대리 때 회사소속 경영지원본부 직원 50여 명이 1박 2일 MT를 조령산으로 간 적이 있다. 그 당시는 토요일은 오전까지 근무하는 시기였다. 오전 근무를 마치고 회사 버스를 이용하여 오후 2시경 조령산 입구에 도착하여 등산을 시작했다. 3시간 코스로 오후 5시면 하산하여 식당에서 저녁을 먹게 되어 있었다.

그런데 5시가 넘으니 산은 어두워지기 시작하는데 하산하기는 커녕 산 위로 올라만 가고 있었다. 점점 어두움이 깊어지기 시작하자 직원들의 심정은 불안감을 넘어서 두려움으로 변해가고 있었다. 와자지껄하며 즐겁게 산을 올라왔던 50여 명 직원, 모두는 뭔가 심상치 않은 낌새를 느꼈는지 분위기는 한순간에 적막강산으로 변했다. 숨소리조차 나지 않았다. 누가 말하지도 않았는데 모두 다 걸음을 멈췄다. 하산지점에 도착해야 할 시간인데 산꼭대기였다. 그 행사 실무 책임자인 경수는 예기치 않은 상황에 크게 당황했다. 순간 머리가 하얘졌다. 말로만 듣던 '조난'이었다. 컴컴한 산에서 모두 다 그의 얼굴만 쳐다보고 있었다.

총괄인 고 부장은 한마디도 하지 않고 그를 지켜만 보고 있었다. 사실 그도 이 상황에서 어떻게 할 방법이 없었을 것이다. 경수도 어떻게 해야 할지 생각이 나지 않았다.

모두 다 아무 말 없이 서 있는데 누가 경수의 손을 잡아당긴다. 당기는 쪽으로 따라가니 사전답사를 보냈던 '대동여지도의 김정호'로 불리는 김 대리였다.

"사실은 제가 답사를 하지 않았습니다. 그전에 한 번 와봤기 때문에 답사 안 하고도 안내할 줄 알았는데…." 하고 말을 흐렸다.

"죄송합니다. 어떡하죠?" 한다. 어이가 없어서 할 말을 잃었다. 김 대리는 전국의 산은 물론이고 웬만한 길은 손바닥 보듯 알고 있는 사람으로 별명이 '대동여지도 김정호'로 통했다. 그래서 그에게 사전답사를 갔다 오도록 했었는데….

그는 김 대리에게 아무 말도 하지 않았다. 아니 하고 싶지도 않았다. 김 대리도 죄책감에 시달릴 것이 뻔했다. 나는 속으로만 "다 내 책임이다. 다 내 책임이다."를 중얼거렸지만 머리에는 갖가지 상념이 흐르고 있었다. 왔던 길로 다시 내려가야 하나, 아니면 계속해서 전진해야 할지? 진퇴양난이었다.

그보다 위의 직급인 과장, 차장, 부장 등 상사가 있었다. 이들과 협의를 해야 되나, 자신이 혼자 결정 해야 되나? 어느 것 하나 정리되지 않는다. 상사들도 산에 대한 전문가는 아니기 때문에 이 상황에서 협의를 해도 생각뿐이지 특별한 대책이 나오지 않을 것이 뻔했다. 협의를 하는 자체가 책임을 공동으로 분담하고 내 책임을 회피하려는 것처럼 느껴지기도 했다. 협의 건은 과감히 접었다. 가장 책임감을 느끼는 사람이 문제를 해결할 수 있다. 그리고 특별한 생각이 있는 사람이 있어서 말을 하면 그때 들으면 된다고 결정했다. 경수는 자신이 결정해야 한다는 각오가 섰다.

컴컴한 밤에 동료들의 얼굴이 한눈에 다 들어왔다. 묘안도 없으니 아무 말도 못하고 두려워하고 있었다.

'나는 모든 것을 결정한다. 3시간을 올라왔는데 다시 되돌아가면 지쳐 있기 때문에 더 많은 시간이 걸린다. 이곳 높은 곳에서 내려가는 길이 보이니 이 길을 택하는 길이 맞다. 두려움을 용기로, 걸림돌을 디딤돌로 만들어야 한다. 그러기 위해서는 희생, 용기가 필요하다. 나는 책임감을 보여줘야 한다.'

더 이상 머뭇거릴 일이 없어졌다. 뜬금없이 머릿속에 "호랑이한테 물려가도 정신만 차리면 된다."는 속담이 전광석화처럼 머리를 스쳐 가면서 온몸에 힘이 솟고 두 주먹이 불끈 쥐어졌다.

그는 전체 직원에게 이야기를 했다. "여러분 우리는 길을 잃었습니다. 모두가 저의 책임입니다. 호랑이한테 물려가도 정신만 차리면 되고, 하늘은 스스로 돕는 자를 돕는다고 했습니다. 되돌아가지 않고 이쪽 내리막길로 갑니다. 반드시 길을 찾을 수 있습니다. 허기지고 배고프지만 참고 내려갑시다. 미안합니다. 다행히 달이 밝아서 좀 나은 것 같습니다. 저는 총무과 직원 두 명과 내리막길로 먼저 달려가서 길을 찾을 테니 여러분은 5명씩 손을 잡고 조심해서 천천히 내려오십시오. 조금이라도 위험한 곳은 몇 번 확인하고 내려와야 됩니다. 여기서부터는 진짜로 안전이 생명입니다. 얼굴이 안 보이니 손잡은 5명의 이름을 말로써 확인하십시오. 여직원들은 추우면 옷 등 필요한 것을 남자 동료에게 부탁하고 남자 직원은 가능하면 여직원 배낭을 받아주십시오. 천천히 내려오십시오." 하고 말을 끝냈다.

그때 당시 총괄인 고 부장이 한마디했다. "여기서는 김 선임대리 지휘에 따르고 조심해서 내려가야 합니다."라고만 했다.

그는 총무과 직원 두 명을 데리고 산길을 뛰어 내려갔다. 달빛이 밝기는 했지만 컴컴한 내리막길이었다. 세 사람은 물에 빠진 사람을 구하러 달려가는 심정으로 뛰었다. 뛰고 또 뛰었다. 돌뿌리에 걸려도 넘어지지도 않았다. 나뭇가지에 얼굴을 다쳐도 아프지도 않았다. 밤기운이 차가운데도 온몸은 땀으로 젖었다. 계속 내리막길이니 분명히 길이 있을 것이라고 생각했다.

그런데 아무리 가도 가도 길은 보이지 않았다. 지쳐서 조금 앉아 있는데 막막했다. 갈증이 나는 만큼 그의 속도 다 타들어가는 것 같았다. 한 시간 이상을 내리막길로 왔으니 이제는 어찌할 도리가 없었다. 조선을 건국한 이성계는 위화도 회군을 했지만 우리는 이제 와서 조령산 회군을 할 수가 없었다. 경수는 직원 두 명에게 조금만 참고 가보자. 조금만 참자고 격려를 했다. 다시 길을 잡았다. 그러나 이제는 힘들어서 빠른 걸음도 힘들었다. 지치고 또 지쳤다. 그래도 50명을 생각하면 이렇게 걸을 수가 없었다. 발걸음을 재촉했다. 이렇게 또 한 시간 이상을 뛰다 걷다를 반복하여 내려온 길이 두 시간은 넘은 것 같았다.

직원 한 명이 "대리님 불빛이 보입니다. 불빛이요." 하고 외친다. 그들 셋은 동시에 "불빛이다."라고 외쳤다. 아래를 내려다보니 헤드램프 불빛이 20여 개 정도가 보였다. 직원들에게 "야, 이제 살았다, 살았어!"라고 기뻐하자 "예, 살았습니다!"라고 하며 서로 얼싸안았다. 그리고 달리는 걸음으로 불빛을 향해 옷을 흔들면서 "여기요, 여기요!" 계속 외쳤다. 아래서도 소리를 들었는지 헤드램프가 한꺼번에 모이더니 그중에 세 명이 오는지 헤드램프 3개가 달려오는 것 같았다.

10분쯤 내려가서 산악인 복장을 한 그들을 만났다. 자초지종을 설명하고 빨리 일행을 구해달라고 부탁했다. 물과 음식 등이 있으면 빨리 가지고 제발 달려가 달라고 일방적으로 부탁했다. 그들은 그 지역 전문 산악인 단체라고 이야기했다. 그들은 뛰어 올라갔고 그들 셋은 자리에 눕고 말았다. 한참을 누워 있다가 일어나서 산악대원이 주는 물과 빵을 좀 먹었다. 갑자기 어두운 산이 환해지는 것 같았고, 목에 걸렸던 가시가 쑥 내려가는 것 같은 시원함을 느꼈다. 여기서 얼마나 가면 되느냐고 묻자 30분 정도 내려가면 된다고 한다.

경수 일행은 다시 돌아서 산 쪽으로 올라갔다. 30분 정도 올라가니 동료들이 내려오고 있었다. 그는 "미안합니다. 미안합니다."를 계속했다. 그런데 이상했다. 굶주리고 지쳐서 패잔병 모습으로 내려오는 줄 알았는데 그들은 힘이 넘쳐 있었고 게릴라 전투에서 승리한 병사들처럼 기뻐하며 오히려 그를 껴안으며 위로해주었다. 여사원들은 그의 손을 잡고, 산길을 뛰어가는 데 넘어져 다칠까 걱정했다고 눈물을 흘리는 여사원도 있었고, 어떤 직원은 그 산길을 달려가는 모습을 보고 근심 걱정이 사라지고 안도할 수 있는 믿음이 생겼다고 경수를 위로해주었다.

모두는 허기지고 발걸음이 떨어지지 않을 정도로 지쳐 있었지만 얼굴은 환했다. 무엇보다도 한 명도 사고 없이 하산하여 천만다행이었다. 산 아래로 내려오자 버스 기사도 저녁을 굶은 채 우리를 걱정하고 있다가 안도의 한숨을 내쉬었다. 산악대원들의 구조에 감사함에 대한 성의를 표시하고 버스에 올랐다. 버스에 오르는 순간 그는 온몸에 맥이 빠지고 다리가 풀렸다. 피곤하지도 않았고, 배고프지도 않았다. 이제는 됐다는 생각뿐 아무 생각도 없었다.

오후 6시부터 10시까지 지옥에서 탈출한 기분이었다. 버스 옆자리에 김 대리가 앉으면서 "형님, 저 때문에 고생했습니다. 쥐구멍이라도 찾아들고 싶은 심정입니다."라고 말한다. "하여튼 사고가 없어서 다행이다. 대동여지도 너 별명을 이제는 바꿔라."라고 말했다. 그에 대한 순간적인 미움도 원망도 연기처럼 사라졌다.

버스를 타고 10분 정도 지나서 식당과 숙소가 있는 곳에 도착했다. 종업원들은 다 퇴근하고 식당 주인 부부만이 남아서 꾸벅꾸벅 졸다가 버스를 보고 반가워서 한걸음에 달려 나온다. "아이고, 큰일 날 뻔했습니다. 그래도 무사히 내려와서 다행입니다. 시장하실 텐데 빨리 들어가서 한잔하십시오."한다. 방으로 들어갔다. 정성스레 준비한 음식들이 주인을 4시간째 기다리고 있었다. 나물 및 특별음식들과 더덕주가 구미를 당기고 있었다. 모두 이제야 배고 픔을 느꼈다. 잔을 가득 채우고 건배를 하고 오늘 게릴라전에서 승리한 이야기로 시간 가는 줄 몰랐다.

한참 술잔이 오가는 시간이 지나고 외부기관에서 나온 전문위원이 일어나면서 한마디 하겠다고 말을 했다. 그는 생산라인에 종합 생산성 진단차 파견 나온 전문위원이었다.

"저는 여러분이 속한 대기업의 명성을 너무 들어서 잘 알고 있다. 그렇지만 오늘 작지만 엄청난 일, 50여 명이 조난당할 뻔한 대사건을 처리하는 모습을 보면서 감동했다. 상사는 부하직원을 믿고 끝까지 한마디 없이 지켜봐 준 점, 실무책임자는 자신의 소임을 다하려는 책임감이 너무 빛났다. 우왕좌왕하고 대혼란이 있을 법한 상황에서 박경수 대리는 책임을 미루지 않고 중대한 결심으로 분위기를 반전시켰다. 실무책임자인 박경수 대리와 총무과 직원 두 명이 험한 길을 앞장서서 뛰어가자 모두의 두려움은 자신감으로 바꾸고 말았다.

'여리박빙(如履薄氷)에 불포가인(不抛加忍)하라.'라는 말이 있다. 살얼음판 같은 아슬아슬한 상황에서도 포기 대신 인내를 더하는 용기가 필요하다는 뜻이다. 선택과 용기 있는 행동만이 위기를 빠져나오는 유일한 길이다. 여러분의 행동은 여리박빙(如履薄氷)에 불포가인(不抛加忍)하라를 직접 실천한 대단한 일이었다. 또 다른 위험이 오더라도 오늘처럼 훌륭하게 극복하기를 바란다. 오늘 박 대리의 용감한 태도는 시종일관 '길이 없다고, 겁먹으랴!'라고 말하고 있었다."

전문위원이 말을 마치자 우레와 같은 박수가 나왔다. 그는 술잔을 들고 건배를 제안했다.

경수는 이 사건을 '조령대첩'이라고 부르고 직원들 간에 두고두고 회자된 사건이라고 말했다. 그는 말하는 중간중간에 그때의 감정이 되살아 나는 듯 울컥하는 감정을 자주 보였지만 평정심을 유지하면서 말을 마쳤다. 이런 사건이자 추억 때문에 최근 들어 이곳에 와보고 싶은 생각이 많이 들었다. 오늘 와보니 같은 전혀 생각나지 않는데 정상석을 보는 순간 울컥했다고 했다.

그의 이야기를 다 들은 나는 "야, 대단한 사건이었네, 그때는 속이 얼마나 탔겠어, 나라도 한번 와 보고 싶겠다. 오늘 산을 오르면서 그때 생각이 많이 났겠네."라고 하면서 그에게 악수를 청하며 30년 전의 마음고생을 위로했다.

비는 하루 종일 보슬비가 내리고 있었다. 그날 경수의 마음고생을 씻어 내보내는 것 같았다. 우리 둘은 일어서서 그날의 추억을 공감하면서 수원으로 출발했다.

뇌졸중을 극복한 천리길의 영웅

강원도 인제천리길

인제천리길 걷기 축제에 참석한 축하객들이 형형색색의 등산복 차림으로 행사장에 모였다. 400여 명의 등산객들이 참여하여 축제 분위기를 높였고 오늘 행사에 대한 기대로 다소 들뜬 분위기였다. 행사는 인제군수의 인사말을 시작으로 간단한 의식을 마쳤다. 축제코스로 지정된 2-1코스 읍내 가는 길을 향하여 모두 출발했다.

행사장에서 3km 정도 걸으니 시내 길을 벗어났다. 그다음부터는 옛날 시장길이었던 살구미와 금바리를 거쳐 곱은골을 걸었다. 중간에 진행본부에서 기념 스탬프를 찍어주고 그 옆의 편평한 곳에서는 서화전이 열려 개장 분위기를 한껏 높여주었다. 40년간 사람의 발길이 끊겼던 박달고치까지 가는 4km는 계속 오르막이고 가파르다. 400여 명이 동시에 오르니 정체구간이 많이 발생해서 자연스럽게 쉬는 시간도 많아졌지만 다리는 뻐근해지고 숨소리는 거칠어진다. 계곡에 흐르는 맑은 물소리와 가끔 붉은색으로 갈아입은 아름다운 단풍을 보면서 탄성이 절로 나오기도 하고 싱그러운 푸른 산세는 다리에 힘을 보충해주기도 했다.

　인제천리길의 김호진 대표와 같이 길을 걸었다. 스태프들의 전화에 응대하면서 불편한 몸으로 일행들과 같이했다. 이 코스는 인제에 몇 남지 않은 원시림이 자리 잡은 계곡이다. 한국 전쟁 당시 인제읍은 북한이었고 자작나무 숲이 있는 원대리 반은 남한이었다. 전쟁 중 박달고치를 점령하기 위해 치열한 격전지였다. 박달고치까지 가는 길은 40년 전까지는 읍내에 장이 설 때 시장 보러 가는 길이었으나 지금까지는 산에 묻혀 있었다. 탐사팀에 의해 찾아낸 이 길은 2-1코스로 지정되었다. 이 코스는 인제천리길의 대표길이라고 설명했다.

　이 길을 걷는 동안 산속 나무들의 피톤치드와 새소리, 계곡의 물소리가 정겹게 들렸다. 40년 만에 사람들이 찾는 길의 기능을 찾았고 추락된 자존감을 되찾았다는 기쁨에 방긋방긋 웃고 덩실덩실 춤을 추면서 방문한 손님들을 환영해주고 있는 것 같았다.

　구불구불하고 오르막이 계속되는 길을 걸어서 박달고치에 도착하니 오후 2시가 되었다. 이곳에서 축하 행사가 진행되고 있었고 진행팀은 등산객이 올라오는 순서대로 정성스레 준비한 도시락을 지급하고 있었다. 마치 시장함을 느끼고 있는 터라 모두들 반가워했다. 점심 할 자리를 잡고 축하 행사에 참여했다. 사물놀이와 춤, 색소폰 연주, 최고 수준의 북 치는 솜씨로 축제 행사는 절정을 맞이하고 있었다. 때늦은 중식을 하면서 행사를 즐겼다.

인제천리길 걷기 축제에 참석한 축하객들이
형형색색의 등산복 차림으로 행사장에 모였다.
400여 명의 등산객들이 참여하여 축제 분위기를 높였고
오늘 행사에 대한 기대로 다소 들뜬 분위기였다.

각계의 예술인들이 참여한 축하 행사가 마무리되고 하산길로 접어들었다. 행사팀에서 축제 기념으로 참가자 전원에게 기념 메달을 지급했다. 숙소인 힐링캠프로 이동했다. 천리길 2-1코스는 자작나무 숲으로 연결되는 총 25.3km 길이다. 오늘은 축제 행사 등으로 읍내 가는 길만 걷고 내일은 자작나무숲이 있는 자작회동길을 걷기로 계획되어 있었다.

저녁행사로 힐링캠프 강당에서는 북을 마음껏 쳐보는 북 치기 체험으로 행사를 마쳤다. 묻히고 잊힌 길을 찾아 이어주는 천리길 탐사대의 열정으로 박달고치의 시장길을 인제군민에게 돌려준 의미 있는 축제 첫날이 마무리되었다.

모든 행사를 마치고 김호진 대표와 70년 역사를 자랑하는 메밀집인 '남북면옥'으로 갔다. 수육과 감자전을 시키고 막걸리 한 잔을 길게 들이마셨다. 김 대표께 불편한 몸으로 인제천리길을 만들고 오늘 축제를 마친 것은 기적에 가까운 일이라고 그에게 경의를 표했다. 길을 걷는 내내 산의 나무와 계곡물, 산새들의 알 듯 모를 듯 외쳐대는 합창 소리는 "40년 만에 찾은 자존심을 등산객들에게 상처받은 영혼을 치유하는 길로 보답하겠습니다."라고 외치는 것 같았다고 말했다.

술잔을 마주치며 그동안 살아온 삶의 여정을 듣고 싶다고 했다. 그는 뭐 다 지난 일인데 하며 어색한 표정을 지으면서 말했다.

김호진 대표는 강원도 인제에서 태어나서 초등학교 때 서울로 이사했다. 서울에서 학업을 마치고 사업을 했는데 사업은 순풍에 돛을 단 것처럼 잘나갔다. 그 시절 정주영 회장이 소 떼를 몰고 북한에 가던 시절에 그의 사업은 절정을 이뤘다.

그 이후 미국 LA에서 실시한 남북한 통일 물산전에 대량의 물품을 미국의 중개인을 통해서 출시했다. 물품이 잘 팔려서 사업은 대성공이었다. 통장으로 큰돈이 들어오는 꿈에 부풀어 있었는데 그 중개인은 돈을 보내지 않고 자신이 편취하는 전략으로 일관했다. 변호사를 통해서 몇 년의 소송 끝에 재판은 승소했으나 국제적으로 얽힌 복잡한 문제로 판매 대금은 받을 수 없었다. 망연자실한 그는 땅바닥에 주저앉고 말았다. 모든 희망을 잃어버린 그는 술로 세월을 보냈다. 수억의 대금을 받지 못해서 사업을 더 이상 영위할 수 없었다.

몇 달이 지난 어느 날, 정신을 차리고 보니 이러다가는 폐인이 될 것이라는 생각이 들었다. 며칠을 고민한 끝에 그는 서울 생활을 정리하고 고향인 강원도 인제로 귀향하기로 결심을 했다. 시골 출신이어서 그런지 몸은 건강했고 농사에는 자신이 있었다.

그는 인제로 돌아와서 산림농업을 시작했다. 인삼, 더덕, 산양삼을 재배하기 시작했는데 인삼 등은 6년을 재배해야 수확을 할 수 있는데 그 기간이 너무도 길고 힘들었다. 산림농업에 대한 육체적 피로와 미래에 대한 불안이 겹쳐 스트레스로 인한 불면증까지 겪는 일이 발생했다. 성공의 기쁨을 맛보기 위해 피로와 정신적 고통을 참으며 일하던 중 인삼 수확기에 그에게 또 다른 시련이 찾아왔다. 인삼 재배장에서 작업을 하던 중 그는 뇌졸중으로 쓰러지고 말았다.

2009년부터 2012년까지 병원과 재활원을 옮겨 다니면서 치료했다. 불행 중 다행으로 왼쪽 팔과 다리는 무사했으나 오른쪽 팔과 다리는 기능을 제대로 할 수가 없었다. 병원에서 재활원으로 이동하는 사이에 15일 정도는 집에서 재활을 해야 되는 경우가 있었다. 병원에서는 자주 걸으라고 하는데 겨울이라서 추웠고 도로를 걷기도 힘들었다. 그 당시 제주올레길의 개장으로 각 지방자치단체에서는 경쟁적으로 올레길과 둘레길이 만들어지고 있었다. 그에게 '2주 동안 따뜻한 제주에서 제주올레길 걷기를 하자.'라는 생각이 떠올랐다.

그는 오른쪽 다리와 팔은 거의 움직일 수 없는 상황이었다. 왼손으로 지팡이를 짚고 다리를 절으면서 겨우겨우 움직이는 상태였다. 그는 악조건을 무릅쓰고 재활을 위해 제주도로 떠났다. 이날의 제주행이 자신의 인생을 바꾸고 인제천리길을 만드는 계기가 될 줄은 꿈에도 몰랐다.

그는 비행기를 타고 게스트하우스를 직접 얻었다. 그는 혼자서 제주올레 1, 2, 3코스를 이를 악물고 걸었다. 일반인보다 몇 배의 시간이 소요됐지만 포기하지 않고 걷고 또 걸었다. 걷는 과정에서 우연히 만난 제주올레 관계자들의 도움도 많이 받았다. 이를 계기로 같이 재활하는 사람들을 데리고 제주에 가서 걷기운동으로 재활을 돕기도 했다.

그러던 어느 날, 평상시와 같이 아침에 일어났다. 아침마다 듣던 가수 김민기의 〈천리길〉이라는 노래를 듣는데 평소와는 달리 노래 가사 한 소절, 한 소절이 뇌리에 박히면서 온몸에 짜릿한 전율을 느꼈다. 특히 가사 중 "가자 천리길, 굽이 굽이쳐가자. 흙먼지 모두 마시면서 내 땅에 내가 간다."란 부분에서는 온몸이 떨리기도 했다. 그 순간 머리에 번개를 맞은 것 같았다.

"그래, 제주에 올레길이 있다면 인제에 천리길을 만들자."라고 혼자 중얼거리는데 몸이 부르르 떨렸다. 인제천리길이 탄생하는 순간이기도 했다. 그날 올레길 걷기를 쉬고 숙소에서 하루 종일 고민을 했다. 그의 각오는 아스팔트보다 더 단단해졌다.

다음 날 인제로 출발했다. 고향에서 하루를 더 생각한 그는 동네 지인들을 모았다. 마음은 흥분되었지만 차분한 목소리로 "분단으로 나누어지고, 소양호로 옥토가 수몰되고, 고원지대가 훈련장으로 편입되고, 포장길로 사람 길이 사라져가는 아픔이 있는 우리 고향에 옛길을 찾아서 잇고, 차도에 밀려난 사람 길을 만들고 싶다."라고 원대한 포부를 이야기했다.

"형님, 완쾌되면 적극 참여하겠습니다. 후배들은 어안이 벙벙

해서 그를 쳐다만 볼 뿐 아무 말도 하지 않았다. "그 몸으로…."라
고 하면서 오히려 그를 설득했다. 그렇지만 그의 마음속에 타오르
는 용광로 같은 의지를 꺾을 수는 없었다. 그는 후배들에게 누죽걸
산(누우면 죽고 걸으면 산다)를 강조했다. 같이 하지 않으면 나 혼자 하
겠다고 선언하고 다음 날부터 지팡이를 짚고 불편한 다리를 이끌
고 혼자 길을 보러 다니기 시작했다. 이 모습을 보던 지인들이 한
명 한명 동참하기 시작했다. 2013년 하반기에 탐사대원 5명이 합
류하였다.

　본격적으로 인제천리길 탐사가 시작되었다. 옛길에 관한 정보
를 파악하고, 현재 유지되고 있는 길과 없어진 길을 조사했다. 인
제군 전체 6개면 1개 읍의 지도를 보고 길을 설계하기 시작했다.
대원들 모두가 자기 직업을 유지하면서 봉사로 탐사에 참여했기
때문에 SNS를 통해 수시로 의사소통을 했고 퇴근 후 혹은 휴일에
모여 협의를 계속했다. 길에 대한 유래를 찾고 길의 의미와 길의
이름을 가칭으로 정했다.
　거리(km)와 걷는 시간 그 길의 현재 상태를 파악하기 위해서는
그 길을 탐사대원들과 돌아봐야 했다. 무보수로 아무런 대가 없이
매달린 그들은 길에 미친 사람들 같았다. 한 코스를 설계하기 위해
서는 5번 이상의 탐사를 통해서, 길을 이어야 할 지점, 돌아가야 할
지점, 끊어야 할 지점 등을 정하기 위해서 설계 기간 내내 인제군

전체를 5번 이상 탐사했으니 그들이 걸은 거리는 25,000km 이상이었다.

그들의 희생과 봉사로 2년 만에 34코스 465km의 설계를 마쳤다. 숨 가쁘게 달려온 1차 작업이 완료되었다. 1차 작업을 완료한 대원들은 한숨을 돌렸고 인제천리길을 만든다는 막연함에서 확신으로 변했다.

2016년에 김호진 회장을 비롯한 산림청 근무자, 제주올레 완주자, 전직 산악 구조대장, 산림청 근무자, 전직 기자 등 7명의 전문가로 구성된 인제천리길 추진위원회를 구성했다. 대부분 탐사 대원이었고 2명이 추가되었다.

위원회 구성과 설계 완료 기념으로 2년 만에 처음으로 위원들 전원이 곰배령으로 야유회를 갔는데 조건이 오늘만은 길 이야기를 하지 않기로 하고 갔다. 그런데 계곡에서 점심을 먹다가 박 이사가 오늘 길은 곰배령 가는 길로 하자고 제안했다. 옆에 있던 김 이사가 백담사 쪽은 백담사 가는 길로 하자고 했고, 최 이사는 한계령 가는 길로 하자고 여기저기서 제안을 했다. 이를 듣고 있던 김 대표가 아니 "오늘은 길 이야기 안 하기로 했는데 직업은 못 속이네 ….."라고 하자 모두 큰소리로 웃었다. 나중에 길 이름을 확정 시 여기서 나온 이름이 코스 명칭으로 적용된 곳이 많았다.

설계까지는 공동으로 구상을 했지만 길을 만드는 과정에서는 세부적으로 업무분장이 필요했다. 길의 코스와 유래 등을 설명할 수 있도록 안내서 등을 만드는 기획단, 관공서와 협조 및 주민들의 협조를 유도하는 대외협력단, 설계된 길을 만들어 가는 공사단으로 분류하였다. 공사팀은 설계한 길을 직접 탐사하고 코스와 거리를 확인하고 끊어진 길을 어디까지 어떻게 이을 것인가를 협의하고 확정했다.

길을 만들기 위해 불필요한 것을 제거하고 길에 죽은 나무들은 톱으로 자르고 이동시켰다. 고랑은 메우고 너무 가파른 곳은 곡괭이로 파서 완만하게 만들었다. 장애자도 거뜬히 걸을 수 있는 길로 만드는 것도 천리길 목적 중의 하나였다. 김호진 대표가 불편한 몸이었기 때문에 그가 걸을 수 있으면 장애자도 걸을 수 있다는 믿음을 가지고 추진해나갔다.

길을 잇는 작업에는 인제군의 종교인은 물론 주민들도 자발적으로 참여하여 구슬땀을 흘렸다. 이어진 길은 합동 탐사를 통해서 천리길로 확정되고 개통되는 과정이 코스별로 반복되었다. 길을 내는 과정에서 송이밭과 특수 작물을 재배하는 밭에 길을 내는 데는 지주의 반대에 부딪혔다. 공사가 늦어지고 그들을 설득하는 일에 많은 시간이 필요했다. 서로의 가슴에 상처를 내는 일이 발생할 때는 깊은 실의에 빠지기도 했다. 그런 날은 술로써 한탄을 하기도 했다.

그렇지만 여기서 멈출 수는 없었다. 모든 어려움을 극복하고 2

년의 설계 1년의 공사를 통해서 총 3년 만인 2017년에 인제천리길 34코스 465km가 개통되었다.

개통은 또 다른 시작이었다. 전국에 개방하기 전에 장, 단점을 사전에 파악하여 보완하는 일이 필요했다. 천리길 걷기 시범 탐사대를 인제 군민에 한하여 모집했다. 매회 30명이 참가하는 함께 걷기를 시범으로 시행했다. 2017년에 20회 이상 진행되었고, 2018년에는 30회 이상 실시하였다. 시범 걷기 다음 날은 장애자 걷기를 실시해서 장애자도 걷기를 통한 재활을 할 수 있는 기회를 제공했다. 모든 준비를 끝내고 2018년 10월에 '제1회 인제천리길 축제'를 전국단위로 실시했다. 명실상부한 대한민국의 둘레길로 자리매김하는 계기가 되었다. 이 길은 제주올레길에 이어 민간인이 만든 국내 두 번째 둘레길이자 최장거리 코스였다. 축제 이후에도 등산객을 위한 사업은 계속되었다.

제주올레길이 있는 제주는 관광지로서 교통이 좋고 숙박시설도 많다. 그에 비해 인제군은 모든 것이 미흡했다. 특히 숙박시설이 없어서 천리길을 오는 등산객들이 머물 수 있는 게스트하우스가 없었다. 고민을 하던 김호진 대표는 존폐의 기로에 있던 60년 전통의 금성여인숙을 리모델링 하여 문화, 예술 공간으로 탈바꿈시킴과 동시에 천리길을 찾는 등산객들에게 저렴한 가격으로 이용하는 게스트하우스로도 활용하였다. 그 덕분에 갑자기 금성여인숙은 인제읍에서 유명세를 떨치는 건물이 되었다.

천리길 탐사는 쉬지 않고 계속되었다. 2018년 이후 매년 천리길 축제가 이어졌다. 김호진 대표의 장애자에 대한 애정은 각별했다. 일반인 축제 다음 날은 반드시 장애자들의 재활을 위한 걷기 행사를 계속하고 있다.

천리길의 탐사도 계속되어 2022년에는 36코스로 505km에 이르고 있다고 했다. 여기까지 이야기한 그의 표정에는 지난날의 회한과 현재의 보람이 교차하는 것처럼 보였다.

그의 말을 묵묵히 듣고 있던 나는 "세상을 사는 사람은 누구나 고통과 맞닥뜨린다. 그렇지만 단순히 고통만을 주는 것은 아니고 그 고통 속에 숨어 있는 깊은 의미가 있는데 김 대표는 그 의미를 찾아서 실천한 인제천리길 영웅이다."라고 했다.

그는 너무 미화하지 말라고 하면서 길을 만든 사람들은 자신이 아니라 탐사대원과 추진위원의 공로이고 그들이 없었다면 길을 만들 수 없는 일이었다고 했다.

재활원에서 읽었던 바바라 디 엔젤레스의 《지금 고난은 내게 어떤 의미인가》라는 책을 자주 읽었는데 항상 마음에 새기고 있는 내용을 이야기 했다.

"우리가 가는 길에 놓인 장애물은 우리를 막고 있는 것이 아니라 새로운 방향으로 나아가게 하는 것이다. 장애물의 목적은 우리의 행복을 방해하는 것이 아니라 새로운 행복과 가능성 입구로 향하는 방향을 가리키는 것이다."라고 말하며 흐뭇한 미소를 보냈다.

　김호진 대표와 나는 제주올레길에서 몇 번을 간단히 만나고 간단히 헤어졌다. 제주올레길 인연이 인제천리길에서 결실을 맺는 것 같다며 우리는 악수를 했다. 서로 맞잡은 두 손의 의미는 같으면서도 달랐다. 그는 인제천리길의 무궁한 발전을 빌었고 나는 그가 건강을 회복해서 지금 짚고 일어서는 지팡이를 멀리 던지며 환하게 웃는 날이 오기를 기원했다.

　그는 뇌졸중을 안고 위대한 도전을 성공적으로 이끈 인제천리길 영웅이었다.

매 순간 숨 막혔던 이유

안성맞춤랜드

화창한 봄날이었다. 살랑이는 바람이 먼지를 밀어내면서 맑고 파란 하늘이 드러났다. 일 때문에 평택에 왔다가 시간이 남아서 아내와 함께 근처 관광지를 검색해보았다. 찾아낸 장소는 안성맞춤랜드. 20분 정도 운전하니 금세 도착했다.

도로를 따라가서 왼쪽에 있는 대형 주차장에 차를 세우고 나오니 오른쪽으로 푸른 잔디의 피크닉장이 드넓게 펼쳐져 있었다. 광활하다고 할 정도로 넓은 잔디밭에는 가족이나 친구끼리 휴일을 즐기고 있는 모습들이 눈에 들어왔다. 연을 날리기도 하고, 텐트를 치고 그 앞에서 맛있는 음식을 먹는 모습도 보였고, 가벼운 운동을 즐기는 사람들도 있었다. 푸르른 잔디와 연둣빛 나뭇잎을 보니 평화로움이 느껴졌다. 기분이 상쾌하고 불어오는 바람도 시원해서 좋았다.

수변공원 호수의 물 위에는 거위들이 소리를 지르며 거니는 모습이 정겹게 보였고, 푸른 잎으로 호수를 장식한 연꽃은 한쪽에서 꽃망울을 터뜨리며 피어나고 있었다. 수변공원 데크길과 거위들, 주변의 가볍게 흔들리는 나뭇가지와 평화롭게 걷는 사람들을 보면서 지상낙원이 따로 없었다.

당시 코로나 때문에 대부분의 시설이 영업을 중단했었으나 식당과 커피숍만 문을 열었다. 먹을 것을 준비해 오지 못했는데 참 다행이었다. 아침을 달걀 하나와 사과 반쪽만 먹기 때문에 오전에는 시장기가 빨리 찾아온다. 그날도 마찬가지였다. 시계를 보니 열두 시가 다 되어 가고 있어서, 식당으로 들어갔다. 점심시간 이전에 들어왔는데도 식당의 대형 홀에 손님은 꽤 많았다. 나는 육개장, 아내는 냉면을 시키고, 메밀전을 추가로 주문했다. 음식이 매우 맛있었고 포만감도 있었다.

식사를 끝내고 녹차를 마신 다음 다시 공원으로 나왔다. 식당 맞은편에 천문과학관이 있는데 그 앞에 동산이 경사지게 자리했고, 의자도 설치돼 있었다. 천문과학관 동산을 돌아보고 메타세쿼이아 길을 걸었다. 양쪽에 길게 늘어선 나무들을 보니 군대에서 사열을 받는 것처럼 기분이 좋았다. 뒤돌아서 수변공원의 데크길을 따라 따뜻한 볕을 받으면서 잔잔한 호수를 바라보았다. 계속해서 걷다 보니 다리가 뻐근해지는데 문득 커피 생각이 났다. 아내와 손을 잡고 조금 걸어서 커피숍에 들어서자 짙은 커피 향기가 느껴졌다. 커피 향기에 피로도 누그러지는 것 같았다. 마음이 편안했다.

수변공원 호수의 물 위에는 거위들이 소리를 지르며 거니는 모습이
정겹게 보였고, 푸른 잎으로 호수를 장식한 연꽃은 한쪽에서
꽃망울을 터뜨리며 피어나고 있었다.

커피숍 2층에서 안성맞춤랜드의 전경이 한눈에 내려다보였다. 푸른 호수와 사계절 썰매장이 있고, 이곳을 산과 작은 동산, 산책로 등이 감쌌다. 아늑한 풍경에 그동안 마음을 어지럽혔던 생각들이 차분히 가라앉는 것 같았다. 우연찮게 이곳을 오게 된 것에 뿌듯함을 느끼면서 커피를 천천히 마셨다. 그때였다.

"당신 요즘 기운이 없어 보였는데 오늘 여기 와서 좀 나아 보이네요."

느닷없는 아내의 말에 허를 찔린 것 같았다. 그 말이 맞다. 기운이 없고 하고 싶은 게 없고 의욕도 들지 않는 그런 상태가 계속되는 날들이었다. 늘 하던 대로 일상을 이어가고 있지만 마음속은 공허하고 텅 빈 것 같았다.

"내가 그랬나요? 난 잘 모르겠는데."

대충 얼버무렸으나 거짓말이었다. 회사에 퇴직했을 무렵과 비슷한 기분이었다. 그때도 그랬다. 30년 넘게 맹렬하게 달려온 일을 그만두면서 어떻게 해야 할지를 몰랐었다. 매일 갈 곳이 있고 할 일이 있었던 삶에서, 갈 곳도 없고 할 일도 없어진 삶이라니. 허탈했다. 일이 곧 나이고 내가 곧 일이었는데.

내 삶에서 일은 정말 큰 비중을 차지하고 있었다. 까까머리를 한 스무 살에 상고를 졸업하고 대기업에 취직했다. 처음엔 너무 행복했다. 그러나 회사에서 고졸자가 대졸자를 이기는 것은 군대에서 이병이 장교를 이기는 것만큼이나 어려웠다. 이를 극복하려고 아침부터 밤까지 회사에서 일하고 밤에는 야간대학교를 다녔다. 남들은 여가 타령을 할 때 나는 일과 학업을 뒤쫓느라 바빴다. 자동차에 기름이 떨어져 시동이 걸리지 않는 것처럼 에너지가 고갈된 상황이 찾아왔으나, 미래를 위해 참고 또 참았다.

중견 간부 때 1997년 IMF를 맞았는데 구조조정의 소용돌이 속에서 겨우 버텨냈다. 회사를 그만두고 대기업의 협력회사 대표로 근무하던 2008년 금융위기를 만났을 때는 더 힘들었다. 금융위기 여파로 대기업들은 계획되었던 중장기 대형 프로젝트를 취소함에 따라 향후 조그마한 우리 회사도 몇 년간의 계약이 모두 취소돼 폐업 위기까지 몰렸다. 그 위기의 상황에서 순발력 있게 업종을 변경함으로써 간신히 살아남았다. 오직 일을 이어가기 위해서 참고 달렸던 시간들이었다.

그렇게 지속했던 일을 그만두었을 때 말할 수 없이 허탈했다. 흔해 빠진 표현이지만 가슴 한가운데가 뚫린 듯한 느낌이었다. 그 허전함을 대학원에서 심리학을 공부하면서 메워가고자 했다. 공부를 하고 논문을 쓰고 심리상담을 하면서 다시금 맹렬하게 고삐를 잡아당겼다. 달리던 속도를 유지하고 싶어 계속 뛰었는데 그러다 보니 에너지가 다 빠져버린 것 같았다. 순간 숨이 쉬어지지 않는 느낌이었고, 어떨 땐 손가락 하나 움직이기 싫을 때도 있었다. 이런 걸 번아웃 증후군이라고 한다. 아내의 말 덕분에 피하고 싶었던 문제를 직면하게 되었다.

"너무 열심히 하지 않아도 되잖아요. 그동안 잘해왔는데. 이제는 좀 쉬엄쉬엄하도록 해봐요."

나를 바라보는 아내의 눈에 걱정이 가득하다. 고마웠다. 아내 말처럼 나는 이전의 내 모습을 유지하고 싶었다. 사회적으로 직함이 있고, 인정받는 능력자의 모습을. 누구와 비교해도 빠지지 않을 만큼 근사한 모습을 갖고 싶었다. 내 욕심이기도 하고, 어찌 보면 사회의 분위기에 따른 것이기도 했다. 우리 사회는 아이나 어른이나 할 것 없이 경쟁을 하도록 권장한다. 그래서 워라벨이 필요하다고 노래하면서도 한편으로는 늘 남보다 좋은 위치를 차지하고자 뛰어다닌다. 내 욕심을 내려놓으면서, 사회의 시선으로부터도 자유로워질 배짱이 필요했다. 그래야 번아웃으로부터 벗어날 수 있을 것이다.

우리나라에서 최초로 여가문화를 주장했던 김정운 교수는 번아웃 증후군 극복법에 대해 이렇게 말한 바 있다.

"소설책 한 권 옆에 끼고 내가 즐거웠던 곳을 찾아 그저 아무 생각 없이 돌아다니는 거다. 강가에 텐트 치고, 자다가 멱 감고, 먹고 또 자는 것은 어떨까? 방바닥을 뒹굴며 베토벤이나 말러의 교향곡 전곡을 마스터하는 것은 또 어떨까? 무엇보다 행복한 삶의 느낌이 어떤 것인가를 다시 기억해내야 한다. 그래야 삶이 살 만해진다."

_〈김정운 교수의 B&G 경영〉, 《조선일보 위클리 비즈》)

이런 것을 읽고 심리학을 공부하면서도 정작 내 마음을 어찌하기는 어려웠다. 하지만 이제는 하나씩 실천해봐야겠다. 현재 가진 것에 만족하면서 남들과 비교하지 말면서 워라벨과 소확행이 있는 삶. 그동안 열심히 살아온 나 자신과 내 곁의 가족들을 위해서 지금부터는 하나씩 내려놓는 삶을 살아가야겠다.

이런 속마음을 입으로 말하기가 부끄러워서 그냥 아내의 손을 지그시 잡았다.

"해가 떨어질 것 같은데 얼른 갑시다."

자리에서 일어나 산책길을 걸어 내려왔다. 호수에 비친 풍경이 아내 얼굴만큼이나 고왔다.

고비마다 삶을 이끌어준 스승들

설악산 대청봉

올해는 우리나라 3대 명산인 한라산 백록담, 지리산 천왕봉, 설악산 대청봉 등반을 목표로 잡았다. 한라산과 지리산은 무난히 다녀왔다. 마지막으로 설악산 대청봉 계획을 세웠다. 산악회에서 운영하는 당일 등반 코스는 한계령 탐방안내소에서 하차해서 남설악 탐방안내소(오색)까지 산행 시간을 8시간을 주는데 내 산행 실력으로는 어려운 일이었다. 더군다나 동서울터미널에서 이곳을 왕복하는 버스도 있지만 거리상 이용하기가 쉽지 않을 것 같았다. 동행자를 찾아서 자가용을 이용할 수밖에 없었다. 이곳저곳 연락을 한 결과 고등학교 동창인 영우와 함께 가기로 했다. 6월 하순경 날을 잡았는데 올해는 장마가 빨리 시작되었다.

출발 하루 전날, 카페에서 도로를 바라보았다. 승용차와 버스들이 도로를 전속력으로 달린다. 세차게 내리는 빗발은 차량의 지붕을 뚫을 정도로 강하다. 장마의 위력을 유감없이 보여주고 있었다. 몇 분이 지나자 그렇게 내리던 빗발이 약해지더니 한두 방울씩

뿌리다가 다시 강해지는 양상을 보였다. 내일 설악산 대청봉을 등산하기로 되어 있는데 어쩔 수 없이 연기를 해야 할 것 같다. 어렵게 동행할 친구를 찾았는데 연기할 생각을 하니 마치 회사생활 중 거의 확실시되는 승진발표일이 갑자기 미뤄지는 것 같은 아쉬움이 강하게 느껴졌다.

일주일 후 장마는 계속되었다. 다행히 설악산 약속 날인 내일과 모레만 비가 없었다. 다음 날, 새벽 6시 설악산 대청봉 등산을 위해 천천히 출발했다. 올해 남은 버킷리스트를 달성한다는 기대감과 완주를 무난히 해야 한다는 염려가 조금 있었다. 몇 년 전까지는 체력에 자신이 있었지만 환갑을 지난 지금은 높고 험한 산을 갈 때는 다소 두려움이 있다. 왼쪽 발목의 아킬레스건이 당겨서 좋지 않았고 무릎관절이 아플 때가 종종 있다. 산 위에서 못 걸을 정도의 일이 발생하면 일행에게 피해를 주기 때문에 특히 높은 산을 갈 때는 신경이 많이 쓰인다. 마지막으로 설악산 대청봉은 밟아보고 그 뒤로는 둘레길만 다니기로 결심하고 액셀러레이터를 밟았다.

오전 10시 30분 한계령 탐방안내소에 도착했다. 간단한 준비운동을 하고 대청봉을 향해 오르기 시작했다. 시작부터 가파른 오르막이 이어졌다. 첫걸음이라 에너지 넘치는 마음으로 출발했지만 얼마 걷지 못해서 숨소리가 거칠어진다. 처음부터 만만한 코스가 아님을 예고하고 있었다. 돌 산길과 너럭바위로 연결된 길은 체력의 한계를 테스트하는 듯 경사가 가파르고 험난했다. 볼거리라도 있으면 좋으련만 보이는 것은 하늘과 땅 그리고 숲뿐이었다. 중간 중간 같이 온 희경이가 포도와 체리 등 과일을 건네면서 힘을 북돋웠지만 다리는 천근만근이었다. 하늘과 땅만 보면서 지루하게 걸었다. 땀은 비 오듯이 쏟아진다. 갈수록 쉬는 시간은 많아지고 걷는 구간은 짧아졌다. 가파른 경사로와 너덜바위길, 1km를 오르는 데 1시간 20분이 걸렸다. 경사가 급한 길을 치고 올라오니 평지가 나오는 듯해서 안심을 했는데 그것도 즐거움은 잠깐이었다. 막상 걸으니 오르막 내리막이 반복된다. 이곳 역시도 오르막이 많다.

중간에 점심을 하고 다시 걷기 시작해서 한계령 삼거리에 도착했다. 숨을 돌리기 위해 앞을 보는 순간 설악산의 비경에 도취되고 말았다. 그림처럼 펼쳐진 공룡능선이 이어지고 있었고 그 앞으로 기암괴석이 옆으로 끝없이 이어져 있었다. 하늘로 올라가는 운무의 모습이 마치 용이 하늘로 승천하는 것 같은 황홀경을 느꼈다. 그 모습에 넋을 잃고 있는데 한 줄기 바람이 서늘하게 스쳐 지나가는 것을 강하게 느꼈다. 그 찰나, 피곤은 한순간에 사라지고 세상에 사는 사람이 아닌 도인의 경지에 이른 듯 무념무상의 시간이 되었다. 한참 동안 감탄을 했다.

다시 6km 남은 대청봉을 3시간 정도 예상하고 걸음을 옮겼다. 가는 곳마다 동서남북 설악산의 비경은 감탄을 자아내게 했다. 그렇지만 걸음 속도는 예상을 빗나가고 있었다. 대부분 길이 오르막이어서 걸음이 더디고 시간은 늘어졌다. 1시간에 2km를 예상했는데 절반밖에 못 걸었고 3km 남은 지점에서 오후 4시가 되자 마음이 급해졌다.

갑자기 예상에 없던 천둥과 번개가 치면서 소나기가 쏟아지다 그치다를 반복했다. 오늘 하산지점인 남설악(오색) 탐방센터까지는 무리라는 생각이 이심전심으로 드는 순간이었다. 대청봉 아래 있는 중청 대피소를 예약하자는 의견이 오갔다. 대피소 예약은 인터넷으로만 가능했기 때문에 영우가 서울에 있는 딸에게 전화를 해서 예약을 시도했다. 빈자리가 없어 불가하다는 통보를 받았다. 마음속으로는 난감했지만 모두의 표정은 지금까지 살아온 단단한 맷집 덕분인지 초조하거나 불안한 기색은 없었고 의연해 보였다.

여기서부터 희경이의 리더십이 돋보이기 시작했다. 그녀는 영우와 시골 초등학교 동창으로 10년 전부터 산행을 같이한 사이였는데 영우의 부탁으로 이번에 동행을 했다. 그녀는 지리산을 종주했고, 설악산도 공룡능선, 천불동계곡 등을 몇 차례 완주한 전문 산악인이었다. 그녀는 말없이 빠른 걸음으로 앞서 나갔고 지칠 만한 곳에서 기다리고 있다가 초콜릿을 주면서 쉬고 오라고 하고 또 앞서 걸어갔다. 희경이는 앞서 걸어가고 영우와 나는 같이 걸었다. 영우는 걸으면서 인생의 길잡이가 되어주었던 멘토의 중요성을 이야기했다.

그 영우가 기억하는 삶의 길잡이가 되었던 첫 번째 안내자는 파출소장이었다. 그는 공익요원으로 파출소에서 근무를 했는데 파출소장이 항상 좋은 이야기를 해주었다고 한다. 공익 근무 해제 후 취직에 대해서 고민을 많이 했는데 소장이 공기업이 전망이 좋다고 하면서 그 당시에는 지명도가 낮은 공기업을 적극 권장했다. 그 당시에는 알아주지 않지만 향후 성장성이 좋다고 했다. 그는 전역 후 여러 곳에 응시해서 낙방했는데 1년을 더 공부한 다음에 파출소장이 말한 공기업에 합격을 했다. 30년 이상을 근무했고 지금은 정년을 몇 달 남겨 두고 임금피크제 기간이라고 했다.

그의 두 번째, 세 번째 삶의 길잡이는 직장 상사였다. 그는 입사 후 내세울 배경이 하나도 없었다. 학연, 지연, 혈연으로 엮어지는 3연은 물론 술로 엮어지는 주연, 담배로 엮어지는 흡연(별도의 흡연실이 있어서 흡연장에서 정보를 많이 얻음)도 없어서 오직 믿을 것은 실력을 갖추는 일뿐이었다. 그는 회사생활 하면서 대학원을 졸업했다. 그리고 업무 관련 지식의 폭을 넓혀 가면서 열심히 일했다. 그의 실력을 인정한 상사가 부서를 이동할 때마다 그를 데리고 가면서 때가 되면 승진의 기회를 만들어주었다. 중견 간부 시절에는 또 다른 상사가 부동산 개발 및 투자 방법을 알려주었다. 직접 경험을 하여 부동산 투자로 부를 많이 축척할 수 있는 기회를 잡기도 했다.

그렇게 안정적인 직장 생활을 하던 시기에 네 번째 파트너를 만났다. 그는 직장생활에서 오직 승진과 일등주의만을 위해서 투쟁

하고 쟁취하듯이 살았다. 그가 중견간부 시절 진급이 가장 늦어 만년 대리라는 별명을 가진 현수를 동기 모임에서 만났다. 현수처럼 진급이 안 된 동기들은 보통 불참하는데 현수는 모임에도 빠지지 않았고 항상 웃는 얼굴이었다. 먼저 진급한 동기들을 부러워하는 일도 없었다. 오히려 진급이 늦은 자신을 자랑스럽게 생각하는 것처럼 보였다.

그 이후 그의 생활을 자세히 살펴보니 그는 승진이나 출세에는 관심이 없어 보였다. 그는 회사의 업무에는 충실히 임했으나 퇴근 후에는 자신의 취미생활을 즐겼다. 탁구와 등산 사진, 원예 등에 관심을 가지고 취미생활을 했으며 여러 분야에서 전문가 수준에 도달해 있었다.

동기인 현수의 생활을 살펴본 영우는 큰 충격을 받았다. 이제까지 성공 출세만을 위해서 업무, 사내 직원들 간의 관계, 공부 등만을 해온 자신에 대해 회의가 들기 시작했다. 이런 현수와 같은 생활이 신나고 즐거운 생활이라는 느낌을 받았다. 그의 가치관이 변하는 계기가 되었다.

그는 업무가 다소 느슨하고 여유 있는 지방사업소 근무를 자원했다. 시간 날 때는 평소에 좋아했던 낚시와 등산, 서예 등을 즐기며 회사생활을 하니 정말 보람을 느끼고 살맛이 났다. 주민등록상 가족관계였던 처자와 진짜 가족이 되는 시간이 되었다. 현수 덕분에 워라벨을 즐기는 생활이 시작되었지만 자녀들에게는 한 발 늦은 시간이었다.

영우는 등산길에서 대학생 2명이 오는 모습과 아버지와 중학생 아들이 산을 오르는 것을 보면서 자주 말도 걸고, 부러워하는 것처럼 보였다. 무슨 이유가 있는지 묻자 그는 젊은 시절 살아오면서 인생의 가치관 없이 회사 직원들과 술만 마셨지 여가생활을 즐기지 못한 것, 가족들과 자주 어울리지 못한 것이 너무 큰 후회가 되어 그들에게 자주 눈길이 가곤 했다고 했다. 어느 책에서 읽은 글인데 "마지막에 웃는 사람이 좋은 인생인 줄 알았는데 자주 웃는 사람이 멋지고 좋은 인생이었다."라는 의미를 최근에 깨달았다고 했다.

영우는 성공 출세에 미쳐서 직장에 올인했던 시절에 사춘기가 되는 아이들에게 관심을 두지 못했다고 했다. 아들은 학교 시절 왕따를 당해서 전학을 요구했지만 아이들의 입장을 귀담아들어주지 못했다. 아들은 크게 방황해서 지금도 안정을 찾지 못하고 있다. 딸아이도 명문대에 입학은 했지만 그 이후 방황의 늪에 빠져 지금도 허우적거리고 있다. 삼십이 넘은 아들, 딸이 방황하는 모습을 볼 때마다 자신의 탓인 것 같아 너무 괴롭다고 털어놓았다. "살면서 즐거운 일, 괴로운 일을 떠안고 좋은 쪽으로 해결하기 위해 살아가는 것이 인생이 아닌가?"라고 하면서 나를 쳐다보는 그의 얼굴이 편안해 보이는 것이 해탈한 사람의 모습처럼 보였다.

이야기를 하며 걷다 보니 어느새 대청봉 아래 있는 중청 대피소가 나왔다. 앞서가던 희경이가 대피소에서 나왔다. 대피소에 숙박을 부탁했는데 도저히 자리가 없어서 오늘 남설악으로 내려가야 한다고 했다. 우리는 서둘러 대청봉을 향했다. 설악산 비경을 즐기며 마지막 오르막을 오르니 빨간 글씨로 표기된 대청봉 정상석이 나왔다. 너무 반가워서 정상석을 얼싸안았다. 정상에서 바라본 설악산은 그 자체로 환상적이었다. 구름 아래 펼쳐진 겹겹의 능선, 신비로움을 더하듯 낮게 드리운 구름, 기암괴석이 끝없는 산야, 아스라이 보이는 권금성과 울산바위, 물안개처럼 피어오르는 운무를 바라보는데 탄성이 저절로 나왔다. 사계절 4개의 설악산의 비경에 가슴이 뿌듯했다. 나도 모르게 우리나라가 자랑스럽게 느껴졌다.

오후 5시 30분, 갑자기 허기짐을 느꼈다. 희경이의 말에 따라 점심시간에 남겨온 음식을 배낭에서 꺼냈다. 점심을 먹을 때 희경이가 대청봉에서 먹을 수 있도록 밥은 물론 간식을 조금 남겨두는 게 좋다고 했었다. 막걸리 반 통, 밥 조금, 과일 등을 먹으면서 시장기를 때웠다. 나는 당뇨가 있는데 만약 지금 음식을 섭취하지 않았다면 '큰일 날 뻔했구나.' 하는 생각이 들어 순간 오싹했다. 하산하기 위해 일어났다. 도심의 날씨는 35도의 폭염을 알리고 있는데 오후 6시 대청봉의 날씨는 초겨울처럼 으스스했다.

오후 6시 하산을 시작했다. 남설악 탐방센터까지 5km였다. 오르막을 오를 때와는 달리 몸은 날렵했다. 빠른 속도로 내려갔지만

구름 아래 펼쳐진 겹겹의 능선, 신비로움을 더하듯 낮게 드리운 구름,
기암괴석이 끝없는 산야. 아스라이 보이는 권금성과 울산바위,
물안개처럼 피어오르는 운무를 바라보는데 탄성이 저절로 나왔다.

간단한 거리는 아니었다. 어둠이 서서히 몰려오더니 두 시간이 지나고부터는 캄캄해졌다. 이때 희경이의 노련미는 다시 한번 우리를 놀라게 했다. 우리는 오후 6시 정도 늦어도 7시 하산을 예상했기 때문에 헤드랜턴을 준비하지 않았다. 그래서 마음속으로만 걱정을 하는데 갑자기 뒤에서 불빛이 비춰졌다. 산악전문가인 희경이의 머리에서 라이트가 비추고 다른 하나는 영우에게 주면서 이정도면 충분할 것이라고 했다. 이제는 됐다고 안심이 되었다. 우리는 쉬다 걷다를 반복하면서 내려왔다. 내리막이지만 5km는 너무도 먼 거리였다. 3시간만인 오후 9시에 하산했다.

남설악탐방소 입구에서 한계령으로 가는 콜택시를 불러 한계령 주차장으로 이동했다. 아침에 꽉 찼던 주차장은 어둠 속에서 차량 몇 대만 있었다. 우리는 배낭에서 의자를 꺼내서 앉았다. 저녁의 한계령 바람이 시원했다. 물 한 컵을 마시면서 대청봉 등산을 마무리했다. 우리는 희경에게 길잡이가 되어주어서 무사히 내려왔다고 감사의 표시를 전했다. 희경이는 세상을 살아보니 고비마다 삶을 이끌어준 스승들이 있었는데 그때는 몰랐다고 하며 며칠 전 신문 칼럼에 소개된 삶의 방향을 바꾸는 운명적인 인연을 소개했다.

"얼마 전 한국계 최초로 미국 프린스턴대의 허준이 교수가 필즈상을 수상했다. 물리학에서 출발해 수학자로 발전한 그의 삶의 여정이 흥미롭다. 대학 4학년 때까지 수학에 관심이 없다가, 서울

대 초빙교수로 왔던 히로나카 헤이스케 교수의 대수기하학 경험철학을 기본으로 하는 강의를 통해 삶의 방향이 바뀌었다고 한다. 직관과 경험철학을 기본으로 하는 물리학자와 엄밀한 수학자의 만남, 삶을 이끌어주는 스승의 역할이 얼마나 중요한 일인지 다시 생각해보게 되었다."

"진실된 우정이란 느리게 자라는 나무와 같다."

_조지 워싱턴

chapter 4

친구, 느리게
자라나는 나무처럼

소중한 추억, 영원한 우정

청양 천장호 출렁다리

6월 하순이라 날씨는 무더웠다. 올해는 찌는 듯한 무더위가 반갑지 않게 일찍 찾아온다고 예보하고 있었다. 그날도 기상청은 34도의 폭염을 알리고 있었고, 주말이라 고속도로 사정도 예측을 할 수가 없었다. 날씨와 도로 정체가 가장 큰 문제로 고민에 고민을 했지만 나의 힘으로 어떻게 할 수 있는 문제는 아니어서 결정이 필요했다. 오전 10시 충남 청양의 천장호 출렁다리 주차장 집합, 1시간 칠갑산 산행, 학교로 이동한 다음 점심, 그다음 족구 게임, 야간 가요제 실시로 결정을 했다.

분기에 한 번씩 실시하는 수도권 친구들의 고등학교 동창회는 시간과 공간의 제약 때문에 서울 시내 식당에서만 했다. 나는 동창회장으로서 이번에는 신선하고 짜임새도 있으면서 모두가 만족하는 고등학교 동창회를 위해 임원진과 숙고한 끝에 야외행사로 1박 2일 실시하기로 결정했다. 당일 아침 운영진은 일찍 천장호 출렁다리 주차장에 도착했다. 그런데 이상했다 폭염을 예상했지만 하늘에는 잔뜩 먹구름이 끼었고 비도 올 것 같은 우중충한 날씨였다.

거기다가 "마음이 뚫리면 길도 뚫린다."는 말대로 도로 정체도 없었다. 집합 시간인 오전 10시가 채 되기도 전에 친구들의 탑승 차량이 하나둘 도착하기 시작했다. 먼저 온 친구들에게는 식당을 정해 두고 막걸리 한잔을 하면서 기다릴 수 있는 장소를 제공했다. 친구들이 모일수록 조용하던 식당은 갑자기 도깨비시장으로 변했다. 자주 만나는 친구들도 있지만 30~40년 만에 만나는 친구들은 서로 얼싸안는 모습이 첫사랑의 연인을 만난 듯 반가운 물결이 넘쳤고 환한 웃음과 포옹으로 진한 감동의 향기가 가득했다. 마치 남북 이산가족 상봉하는 모습과도 흡사함을 느꼈다.

30분 정도 지나자 탑승 차량이 모두 도착하여 60여 명이 집결했다. 우려했던 도로 정체는 없었다. 모두가 자유롭게 천장호 출렁다리 방향으로 걷기 시작했다. 고추로 유명한 청양의 천장호 출렁다리에는 사람보다 더 큰 고추가 상징물로 전시되어 있었다. 출렁다리를 뛰기도 하고 서로 장난을 치면서 고교 시절 수학여행 기분으로 건넜다. 다리를 건너자 둘레길로 이어졌다. 둘레길을 돌면서 신록이 우거진 숲길의 녹음을 만끽했다. 남자들이 재잘거리는 소리가 꼭 여고생들이 소풍을 나온 것처럼 시끄러웠다.

산길을 끝내고 호수 쪽으로 걸었다. 오랜 가뭄으로 호수의 바닥이 비를 기다리는 농민의 가슴처럼 쩍쩍 갈라져 있었다. 안타까운 마음과 비를 기다리는 마음이 동시에 들었다. 둘레길을 돌고 칠갑산으로 가는 계단을 올랐다. 높은 곳에서 바라보니 멀리 보이는 아름다운 전경에 가슴이 확 트이고 다른 세계에 와 있는 것 같았다. 시간 관계상 칠갑산 정상까지는 가지 못하고 중간지점에서 원점 회귀하여 전체 행사장소인 한들마을로 이동했다.

한들마을로 명명된 이곳은 초등학교가 폐교된 곳인데 학교시설을 그대로 이용해 영농학교 및 연수 시설로 활용하고 있었다. 이곳에서 운동장도 이용하고, 숙소 및 식당시설이 잘되어 있어 예약한 곳이다. 승용차를 이용하여 10분 정도 거리여서 쉽게 도착했다.

한들마을에는 선발대로 온 친구들과 고향인 목포에서 온 친구들이 먼저 와 있어서 트레킹을 마치고 온 동창들과 만나면서 또 한 번 이산가족 상봉의 장이 되었다. 서로 손을 잡고 점심을 위해 식당으로 입장했다. 주방 조를 맡은 5명의 친구들이 60명분의 점심을 완벽하게 준비했다. 고향의 토속음식인 홍어, 병어 등과 주류가 준비되어 어느 고급 만찬장 부럽지 않았다. 회장인 나는 그들의 자발적인 봉사에 울컥했고 감동으로 다가왔다. 긴장했던 마음이 풀리고 안도감으로 변했다. 날씨 걱정, 도로 정체 걱정, 식당 운영 걱정이 감격의 눈물 한 방울로 눈 녹듯이 모두 사라졌다.

오후 1시부터 시작된 족구 경기는 단결력과 응원의 극대화를 위해서 출신 중학교별로 팀을 구성했다. 경기마다 응원 소리는 요란했다. 선수들의 실수에는 한바탕 웃음으로 답했고 절묘한 공격으로 득점을 올릴 때는 목이 터져라 외쳤던 학창 시절의 응원가를 부르면서 족구대회는 절정을 이뤘다. 중간에 간간이 비가 내렸지만 불편보다는 가뭄의 해갈을 위해서 내리는 비를 축복하는 성숙한 자세를 보여 주었다.

족구 경기가 끝났다. 모두 샤워를 하고 오늘의 공식행사가 시작된다. 50대 중반의 친구들이 학창 시절의 검정 교복을 입고, 학교 로고가 새겨진 모자를 쓰고 고등학생이 되어 나타났다. 순식간에 분위기가 확 바꼈다. 50대 중년들이 10대의 고등학생이 되었다. 동창들은 고등학교 그 시절 그 행동으로 돌아갔다. 교복 단추를 풀어 제치기도 하고 모자를 비뚤어지게 쓰고 포즈를 취하기도 했다. 그 순간 한들마을 운동장은 35년 전 모교의 운동장 같았다. 말 그대로 소중한 추억과 영원한 우정을 나누는 축제의 장이었다. 오후 5시가 되어 교복을 입은 채 연회장으로 이동했다.

'여기는 학문의 동산, 우리들의 보금자리, 지식과 덕을 쌓는 곳 …'으로 시작되는 교가를 제창하면서 3부 행사가 시작되었다. 동창회를 위해 고생한 친구들에 대한 시상과 친구들의 인사말이 끝나고 여흥의 시간이 시작되었다. 가수 못지않은 친구들의 노래와 입을 쩍 벌리게 하는 멋드러진 춤의 장기 자랑으로 흥겨운 밤이 이어졌다. 맛의 호사로움과 앗사라비아의 함성 그리고 멋드러진 율동으로 이어지는 동창회는 한시도 다른 생각을 할 시간이 없이 오롯이 우정에 취한 시간이었다. 학창 시절의 우정과 인연으로 만나서 부딪치는 술잔으로 정을 나누고 계속되는 분위기는 따뜻한 배려와 포옹으로 흥겨움이 더해졌다. 고향에서 가져온 홍어, 낙지 등의 토속음식 등으로 식도락을 즐기는 오늘은 모두가 마음의 부자임을 느끼기에 충분했다.

시간이 지나자 진행자의 안내에 따라 가수 홍민의 '날이 밝으면 멀리 떠날…'로 시작되는 〈석별의 정〉 노래를 부르면서 자연스럽게 전등불이 꺼지고 촛불이 하나둘 켜졌다. 여흥의 장이 마무리되면서 캠프파이어의 숙연한 시간으로 분위기가 바뀌었다.

키가 큰 철영이가 일어나더니 이야기를 시작했다. "대한민국은 학연, 지연, 혈연의 삼박자로 인간관계의 근간으로, 인맥을 중시하는 문화를 가지고 있다. 그중에서도 호남향우회, 해병대전우회, 고대동문회는 대한민국에서 의리와 단결로 뭉쳐진 3대 조직으로 꼽힌다. 이들은 알래스카에서도 3명 이상만 있어도 동문회 혹은 향우회가 만들어진다는 전설적인 의리의 단체들이다. 이제 우리 동창회를 추가하여 4대 조직으로 만들자."라고 말하자 모두가 웃으면서 큰 박수를 보냈다.

이번에는 동창회에 처음 참석한 성근이가 일어섰다. 그는 사업적으로 부침이 심했다. 흔한 말로 천당과 지옥을 몇 번 왔다 갔다한 친구다. "나는 오늘 동창회에 처음 나왔다. 동창회가 주는 의미는 매우 깊고 넓다. 부나 명예 지위를 따지는 사회와 달리 새로운

오늘 행사를 '소중한 추억'이라 쓰고 '영원한 우정'이라고 읽는다고...

세상이다. 이제부터는 나도 자주 나와서 친구들 얼굴을 자주 보겠다."라고 말하는 그의 눈가에는 이슬이 맺히는 것 같았다. 이제 우리는 50대 중반이지만 은퇴한 선배들의 이야기를 들어보면 회사 동료들은 퇴직하면 연락이 어려워지고 동창 친구들이 최고라고 하더라며 들은 이야기를 전하면서 이구동성으로 우의를 강조하고 있었다.

공식행사가 끝나고 삼삼오오 모여서 추억으로 우정의 꽃을 피웠다. 과거는 고정되어 있고, 현재는 쏜살같이 달아나고, 미래는 어물어물 다가온다. 우리 다른 곳에서 친분을 쌓기 위해 헤매지 말고 동창끼리 멋지게 지내자며 건배 제의를 했다. 오늘이 없었으면 친구를 만날 기회가 없었을 거야, 하마터면 외로울 뻔했다며 모두가 즐거워하며 우정의 밤은 깊어가고 있었다.

다음 날 아침, 아침 식사를 끝내고 모두가 다시 한번 모여 교가를 부르며 이별의 시간을 아쉬워했다. 목포에서, 광주에서, 수도권에서 온 친구들은 남북 이산가족이 헤어지는 기분으로 서로 악수와 포옹으로 아쉬움을 대신했다.

그들은 몸과 마음으로 외치고 있었다.

오늘 행사를 '소중한 추억'이라 쓰고 '영원한 우정'이라고 읽는다고⋯.

미래로 가는 우정여행

목포 유달산

우정여행 1일차

우정여행 출발일이 되었다. 세 명이 함께 모여서 승기의 차를 이용해 서해안 고속도로를 질주했다. 평일이어서 그런지 고속도로는 한산했다. 친구들과 대화를 하다 보니 4시간이 40분 정도 지난 것 같았는데 목포에 도착했다. 출발 전에 승기가 누나에게 부탁해서 준비한 낙지 등 해산물과 반찬을 승기 누나 집에 들러서 받았다. 감사의 인사를 전하고 승기 처가댁으로 출발했다. 여행 첫날은 승기의 처갓집에서 머물기로 되어 있었다. 승기의 처가 있는 섬 자은을 가기 위해서는 천사대교를 지나야 한다.

천사대교 명칭은 1,004개의 섬으로 이루어진 신안군의 특성을 반영하기 위해 지어진 이름이다. 2010년 착공해서 2019년에 5,500억이 투입되어 완공된 신안군 섬들을 육지로 연결하는 다리이다. 영종, 인천, 서해대교에 이어 4번째로 긴 10km의 해상교량이다.

천사대교는 신안의 섬 암태, 자은, 팔금, 안좌를 연결하는 대교인데 해수욕장을 많이 갖춘 자은이 최대의 수혜지역이 되었고 관광객 유치를 위한 공사가 한창이었다. 이들 섬은 이제는 모두 반도가 되었다.

자은도에 있는 승기의 처가에 도착했다. 장모님만 혼자 이곳에 사셨는데 연세가 많아 서울로 모셨고 처갓집은 빈집으로 두고 관리하면서 친척들이 이곳에 올 때만 쓰고 있었다. 우리는 이곳에 도착했고, 장모님 펜션이라 명명했다. 펜션은 조그마한 마당에 평상이 있고 그 위로 무화과나무가 시원하게 그늘을 만들어주고 있었다. 내부는 도시의 아파트 35평 정도의 크기와 비슷한 구조를 갖춘 현대식으로 건축한 집이었다.

"좀 불편하더라도 편하게 지내자."

"군자는 먹는 것에 대해 배부름을 추구하지 않고, 거처하는 데 편안함을 추구하지 않는다."라고 영민이가 말하자 우리는 동시에 놀라며 "우와, 병원에 입원해서 도인이 다 되었네."라고 감탄하며 웃었다. 펜션에 여장을 풀고 평상에 앉아 여유로운 시간을 즐겼다.

충분한 휴식을 마치고 승기의 안내로 자은도의 관광에 나섰다. 먼저 분계해수욕장에 들렀다. 앞바다의 풍경이 아름답고 주변의 노송의 군락이 장관을 이루고 있었다. 푸른 바다가 끝없이 펼쳐져 있고, 섬 안의 섬 우각도가 작고 아담하게 이 지역을 지키는 수호

신처럼 보였다. 친구들과 우정을 나누며 신발을 벗고 걷는 바다는 어머니의 깊은 사랑처럼 따뜻함을 느끼게 해주었다.

오후 6시 가까이 되자 주변의 횟집에 가서 농어의 맛을 음미하면서 회도 먹고 매운탕으로 저녁을 했다. 우리는 평상시 밤새도록 술을 잘 마시는 주당에 속했지만 영민이가 몸이 좋지 않아 술을 마시지 못하므로 모두 다 술을 입에 대지도 않았다. 이렇게 좋은 안주를 두고 술을 마시지 않아도 된다는 것을 처음으로 깨닫는 순간이기도 했다.

저녁을 끝내고 백길 해수욕장으로 향했다. 3km가 넘는 광활한 해안선을 따라 고운 모래사장이 끝없이 펼쳐진 아름다운 백길 해변을 보면서 백길이 댓길이고 백길이 백미라는 것을 순식간에 알아차릴 수 있게 하는 풍광이었다.

"서쪽으로 지는 노을이 오늘따라 더욱 아름답게 보인다. 그 이유는 든든한 친구들이 같이하기 때문일 것이다."라고 말하는 영민의 표정은 행복해 보였다. 이곳 외에도 면전과 둔장 해수욕장이 있는데 오늘의 일정은 여기까지 하기로 하고 장모님 펜션으로 돌아왔다. 가는 길에 마트에 들려 학창 시절의 추억을 되살리기 위해 아이크림 '싸만코'를 영민이가 살 수 있도록 했고 집에 와서 맛있게 먹으면서 하루를 마무리했다.

영민이가 생각보다 무리 없이 잘 걸었고 기분도 아주 좋은 것 같아서 마음이 한결 편안한 밤이었다. 누워서 건강에 대해 이야기도 하고, 교복 입고 했던 1박 2일 동창회 이야기도 하면서 시간은 지나가고 있었다. 하루 일정에 모두 고단했는지 누가 먼저랄 것도 없이 스르르 잠이 들었다. 꿈에서 반도로 변한 신안의 섬 자은도는 호남의 관광 명소를 꿈꾸고 있었다.

우정여행 2일차

아침에 일어났다. 기분 좋은 아침이었다.

나와 승기는 일찍 일어났고 영민이는 좀 늦었다. 영민이는 기상하면서 "아주 잘 잤다."라는 말을 반복했다. 침구류 정리와 샤워를 마친 영민이는 요식업을 했던 실력을 발휘하여 아침을 준비했다. 라면에 어제 먹지 않은 해산물 등을 넣어서 준비하는 모습에서 셰프의 품격이 느껴졌다. 탁자에 앉아 아침을 먹었는데 "정말 맛있었다. 역시 최고야!" 하면서 엄지손가락을 치켜세우며 그를 응원했다. 정말 맛있게 해산물 라면을 먹었다. 식사를 끝내고 커피를 한 잔 하고 오늘 관광을 위해 출발했다. 오늘은 목포 해상 케이블카를 타고 유달산과 고하도 관광이었다.

자가용을 이용해 케이블카 출발지인 북항으로 이동해서 주차를 했다. 코로나 영향인지 토요일 임에도 관광객은 많지가 않았다. 코로나 이전에는 관광객이 많아 휴일에는 1시간 이상을 기다린다고 했는데 오늘은 10분 정도 기다리다가 탑승을 했다. 마치 공중을 달리는 자동차를 탄 기분이었다.

파란 하늘에 여러 가지 형상의 구름이 떠다닌다. 아래로는 목포 시내 모습이 한눈에 보인다. 정면에는 연둣빛의 나뭇잎과 바위로 둘러싸인 유달산이 우뚝 솟아 있다. 케이블카가 유달산을 지나자 고하도의 용오름 숲이 보이고 그 아래로는 해변 데크길이 길게 연결되어 있다. 반대편에는 대반동의 해안도로가 그림처럼 연결되어 있다. 중앙에 서해 바다는 청록빛으로 관광객의 심금을 울리고 있었다. 왼쪽에는 삼학도가 오른쪽에는 목표 대교가 바다 위를 가르고 있다. 멀리 보이는 다도해가 아스라이 보이는 것이 한 폭의 수채화를 보는 것 같았다. 이 절경에 감탄을 넘어서 짜릿함을 느꼈다.

고하도에 도착했다. 건물 밖으로 나와서 용오름 숲길을 20분 정도 걸으면 전망대가 나오고 그 아래로 해변 데크길이 2km 정도 연결되어 있다. 이 데크길을 걸으면서 보는 풍광은 너무도 황홀해서 내가 아는 모든 사람에게 이 길을 권유하고 싶은 생각이 들었다. 이순신 장군 동상도 서 있고 용머리에서는 머리 위로 목포대교가 있는 것 같았다. 바다의 정취에 흠뻑 젖었다. 내 고향 목포에 대한 자부심이 가슴에서 모락모락 올라오는 것을 느꼈다.

용머리로 오르면 다시 숲길이 나온다. 산 위의 숲길을 걸으니 바다의 풍경이 더 선명하게 보였다. 숲길 중간중간마다 시화전을 하듯이 문인협회에 출품한 작품들이 전시되어 문화와 예술의 도시 목포를 각인시켜 주는 듯했다.

숲길을 나오자 전망대 앞이다. 날씨가 무척 더웠다. 영민이의 컨디션을 살폈다. 그는 아주 좋다고 하면서 커피숍에서 차 한 잔 하자고 해서 2층에 있는 커피숍에 들어갔다. 이곳에는 여행객들이 더위를 피하면서 휴식을 취하고 있었다. 빈자리가 띄엄띄엄 있었다. 바다가 보이는 곳에 비어 있는 자리를 잡았다.

시원한 음료를 마시며 바다를 보았다. 근심과 걱정을 저만치 밀어둔 채 자그마한 섬의 풍광에 스며들었다. 마침내 시름을 떨쳐버렸고 친구와 자연과 어우러져 자연스럽게 하나가 되는 것을 느꼈다. 어느 작가의 표현대로 "어른인 우리는 바다를 까맣게 잊고 살았지만, 내 안의 어린아이는 바다를 늘 그리워했구나."라고 승기가 말하자 모두 다 고개를 끄덕이며 동의를 표시했다.

복귀하기 위해 고하도 탑승장으로 가서 다시 케이블카에 탑승했다. 올라오는 길에 일등바위를 올라가기 위해 유달산의 중간 하차지점에 내렸다. 일등바위에서 다도해를 보는 풍경도 재미가 쏠쏠했다. 영민이는 정자에 앉아 있었고 나와 승기는 서둘러 일등바위를 갔다 왔다. 영민이가 있는 곳으로 다시 합류했다. 매점에서 사 온 아이스크림 '싸만코'를 먹으니 피곤한 다리에 힘을 보태는 것 같았다.

승기가 나에게 묻는다. "친구는 여행도 다니고 글도 쓰는데 여행을 다니는 이유가 뭐지?"나는 말하고 싶었는데 질문을 해주니 너무 좋았다. 침착하게 말했다.

"장그르니에가 쓴 《지중해 영감》에 나오는 문장인데 '나는 이 고장에 올 때면 무언가 내 안에 맺혀 있던 것이 풀리고 마음의 불안이 걷힌다는 생각을 했다. 그건 마치 누군가 상처에 확실하면서도 부드러운 손을 갖다 대면서 그 상처가 아물기 시작하는 듯한 그런 느낌이다. 그것은 어떤 신선함의 감각이다.'라고 했는데 내가 여행지에서 느끼는 감정과 너무도 흡사하다."고 했다. 내 말을 들은 두 친구는 말없이 동의하는 모습이었다. 우리는 탑승장으로 내려가서 북항으로 귀항했다.

사람이 모이면 좋은 일도 있지만 트러블도 흔히 발생한다. 저녁을 푸짐하게 먹고 일어서는데 영민이가 계산서를 들고 카운터로 가는데 승기가 잡았다. "내가 할게." 하면서 영민이를 제지했다. 그러자 영민이가 "나도 해야지." 하면서 목소리 톤이 다소 올라갔다. 갑자기 영민이의 표정이 확 바뀌었다. 어제부터 지금까지 한 번도 계산을 안 해서 미안한 마음이 드는 것은 인지상정일 것이다. 승기가 침착하게 그의 손을 잡고 와서 자리에 앉았다. 잠시 얼음장 같은 침묵이 흘렀다. 물은 한 모금 마신 승기가 가벼운 미소를 지으며 말했다.

"영민아, 너의 마음은 우리가 다 잘 안다. 그렇지만 이번은 우

근심과 걱정을 저만치 밀어둔 채 자그마한 섬의 풍광에 스며들었다.
마침내 시름을 떨쳐버렸고 친구와 자연과 어우러져 자연스럽게
하나가 되는 것을 느꼈다.

리가 너를 위해 여행을 같이하려고 계획을 했어. 그래서 이번 경비는 우리 둘이 나눠서 계산을 하기로 했으니 우리가 할게. 부모를 모시고 효도관광을 가면 자식들이 돈을 다 내듯이 이번은 친구를 모시는 우정 관광이니 친구들이 돈을 내는 게 맞지."

그는 또 공자의 말씀을 인용했다.

'자기가 모셔야 할 귀신이 아닌데 그를 위해 제사 지내는 것은 아첨이다. 마땅히 해야 할 일을 보고도 하지 않은 것은 용기가 없는 것이다.'라는 말이 있어, 이번 여행은 우리가 친구로서 마땅히 해야 할 일을 하는 것이니 편하게 하자."

서로의 마음을 느끼고는 있었지만 말로 나누는 모습이 전류가 흐르는 것처럼 따뜻하게 느껴졌다. 마음속을 덮고 있던 먹구름이 사라지면서 그 사이로 한 줄기 햇살이 들어 오는 것 같았다. 편안한 마음으로 식당에서 일어섰다.

오늘은 목포에 예약한 바다가 보이는 호텔에 들어갔다. 탁자에 앉아서 동창들에 관한 여러 가지 이야기를 하면서 쉬었다. 오늘도 많이 걸었다. 케이블카는 타봤지만 데크길은 처음인데 너무 좋았다고 영민이가 말을 했다. 컨디션은 어떠냐고 했더니 아주 좋다고 한다. 영민이는 달리거나 빨리 걷는 것은 어려워도 일상적으로 걷는 데는 별문제가 없어 보였다. 건강을 되찾은 것 같아서 마음이 뿌듯했다. 고향 목포에서 우리의 우정을 나누는 밤은 깊어가고 있었다.

우정여행 3일차

새로운 아침이 시작되었다. 우리는 언제 귀가할지는 결정하지는 않았지만 모두 2박 3일 정도는 예상하고 있는 듯 보였다. 오늘이 3일째이고 일요일이었다. 아침을 먹으면서 승기가 "내일 특별한 일 없으면 우리 올라가다가 어디 들러서 하루 더 쉬고 갈까?"라고 했다. 영민이는 어차피 일이 없고 나도 특별한 일이 없어서 하루 더 쉬어 가기로 동의했다. 충청도 산막이 옛길, 청남대 등의 관광지가 추천되었는데 서해안 고속도로 가까이 있는 쪽으로 대천 해수욕장이 낙점되었다.

일요일이었지만 오전이라 고속도로는 뻥 뚫려 있었다. 승기의 차량은 소음도 없고 핸들도 가벼워 운전하기가 아주 쉬웠다. 교대로 운전을 하니 피로감도 전혀 없었다. 점심 무렵 대천 해수욕장에 도착했다. 드넓은 바닷가와 해변 도로는 유명 관광지의 위상을 보여주고 있었다. 백사장과 바다 광경을 한눈에 감상할 수 있었다. 매년 머드축제로 유명세를 날리는 곳이라 자주 오지는 않았지만 친근한 느낌이 들었다.

신발을 벗고 물속을 거닐기도 하고 나무 그늘에 돗자리를 펴고 휴식을 취했다. 뇌종양 판정을 받을 당시 가슴속에 커다란 바위가 내려앉은 것 같은 좌절감을 느꼈을 영민이를 위로했다.

"두 딸이 결혼은 안 했지만 성장해서 스스로 자립을 했으니 이제는 건강이 좋아지거나 현 상태를 유지하면 되는 거지. 또 일을 시작하기는 어렵겠지."

승기가 조심스럽게 말을 하고 영민이를 바라보았다. 그의 넓은 이마에 밭이랑 같은 두 개의 주름이 깊게 패여 있는 것이 험난한 인생의 전쟁에서 생존한 훈장처럼 느껴졌다.

"서울에 집도 있고 머지않아 연금도 나오니 풍족하지는 않지만 사는 데는 큰 문제는 없겠지. 또 두 딸이 직장 생활해서 결혼 비용은 저축하고 있으니 크게 걱정할 일은 없으리라 생각하지만 어디 부모 마음이 그래, 하나라도 더 해주고 싶은 마음이겠지."

나는 영민이의 마음을 대신해주고 있었다. 우리는 근심 어린 표정으로 그를 염려해주었다.

잠시 침묵이 흘렀다.

"병원과 재활원에 있는 동안 갈등과 혼란에 많이 빠졌는데 퇴원할 즈음에는 해답을 찾았어. 꼬집어 말할 수는 없지만 사회생활 경험으로 누구를 만나야 하고 앞으로 어떻게 살아야 행복할 수 있다는 것을 직감적으로 느낄 수 있었다. 두 친구의 면회와 전화가 나에게 큰 힘을 주었어. 이번 여행도 그렇고. 그런데 이번 여행은 수학여행 같은 느낌이 드는데 과거를 회상하는 수학여행이 아닌 미래로 가는 우정여행이었다는 생각이 들었다."라고 진지한 표정과 온화한 미소를 보였다. 영민이의 말을 들으며 우리는 손을 잡고 일어섰다.

모두 각자의 방식으로 살아간다

제주 한라산

하늘은 높고 산세는 아름답다, 날씨는 따뜻하고 너무 좋다. 볕이 따뜻하게 드는 것이 병아리들이 종종걸음으로 돌아다니는 봄날 같은 청명한 가을의 절정이다. 아침 일찍 한라산 등반을 위하여 성판악에 도착했다. 휴게소에서 해장국으로 아침을 먹었다. 단체로 제주올레길을 걷기 위해 동호회 회원들과 같이 왔는데 한라산 백록담을 가보고 싶어서 인호에게 부탁하여 단체에서 빠져 둘이 왔다. 인호는 계획이 없었는데 제주에 오기 전부터 부탁을 한 터라 그도 못 이기는 척 동의를 한 것 같았다.

간단히 맨손체조로 몸풀기를 하고 출발했다. 길은 돌길로 시작되었다. 걷기는 무난했고 양쪽에는 삼나무들이 그늘을 만들어주고 있었다. 돌길로 시작된 길은 첫 대피소 4km는 간단히 걸었고 내친 김에 2km 더 걸어서 사라오름 전망대까지 거침없이 올랐다. 사라오름 전망대에서 아래쪽 능선을 바라보니 나무들 키가 비슷비슷하고 촘촘히 붙어 있어서 산이 아닌 평야처럼 느껴졌다. 산 아래 나무들 너머로 보이는 서귀포 시내는 안갯속에 희미한 회색 도시로 보인다.

사라오름에서 진달래 대피소까지는 1.4km다. 다소 오르막이 있기는 하지만 걷기는 무난했다. 평일인데도 불구하고 등산객들이 많고 가족 단위로 오르는 등산객들도 눈에 띄었다. 등산로는 등산객의 발길에 쉴 시간이 없는 듯 피곤을 호소하는 눈치 같았다.

진달래 대피소에서 정상까지는 2.3km 남았다. 지금까지는 무난히 올라왔는데 가파른 코스로 몰아붙인다. 돌길과 가파른 계단을 오르니 다리에 무리가 가는지 휘청거리기도 한다. 쉬다 걷다를 반복하면서 올라가는데 평소에 나보다 등산 실력이 좋은 인호는 계속 뒤처지고 이마에 땀이 많이 흐르는 것이 컨디션이 안 좋아 보인다. 기다렸다가 같이 오르곤 했는데 인호가 어제 잠을 설쳐서 그런다고 얼마 안 남았으니 먼저 올라가서 기다리면 되니 먼저 가라고 한다.

그가 오는 것을 뒤로 돌아보며 확인하면서 앞서서 걸었다. 쉬다 걷다를 반복해서 가는데 1.9km 남았다는 표시를 알리는 거리가 머릿돌에 새겨져 있다. 표싯돌을 보자 보석을 발견한 듯 반가웠지만 1.9km가 만만치 않음을 실감하면서 흥분을 가라앉혔다. 올라온 길을 되돌아보니 산세가 장관이었다. 다시 자신감을 가지고 오르기 시작했다. 인호도 저 아래서 땀을 닦으며 힘든 발걸음을 옮기고 있었다.

"태산이 높다 하되 하늘 아래 뫼이로다."를 읊조리며 걷고 걸어서 백록담 정상에 도착했다. 먼저 온 많은 등산객들이 여기저기 모여 점심을 하기도 하고 인증샷을 위해서 줄을 서 있는 모습들이 보였다. 10km를 5시간 만에 정상을 밟았다. TV에서만 봤던 화산이 폭발한 백록담의 신비의 모습을 직접 보는 순간이었다. 기쁨의 순간도 잠시 뒤에 오는 인호를 찾았다. 1.9km 표지석을 훨씬 지나서 오고 있었다. 손을 흔들어 그를 격려했고 그도 손을 흔들고 올라오는 모습이 지칠 대로 지친 모습이었다. 몇 분을 기다리자 드디어 그도 정상에 도착했다.

백록담을 다시 보고 정상에서 인증샷을 하고 올라온 길을 돌아봤다. 광활한 산세에 나무들의 푸르름과 울긋불긋한 단풍으로 어우러져 있는 모습이 산인데도 대평야를 보는 것처럼 평평해 보였다. 명산의 웅장함에 머리와 가슴에서 저절로 호연지기가 용솟음치는 것 같았다. 등산객들이 명산의 정상을 찾는 이유를 알 것 같았다. 점심을 할 자리를 찾아서 앉았다. 준비해온 도시락으로 맛있게 먹었다. 정상에 오른 기쁨과 뿌듯함을 동시에 느꼈다. 커피를 하면서 휴식을 취하니 만족감이 저절로 올라온다. 정상에서는 일몰시간 때문에 오후 1시 30분에 하산해야 한다고 안내를 하고 있었다.

하산 시간에 맞춰 관음사 방향으로 하산을 시작했다. 관음사까지는 8.6km였다. 처음부터 가파른 내리막이 계속된다. 스틱을 짚

백록담을 다시 보고 정상에서 인증샷을 하고 올라온 길을 돌아봤다.
광활한 산세에 나무들의 푸르름과 울긋불긋한 단풍으로
어우러져 있는 모습이 산인데도 대평야를 보는 것처럼 평평해 보였다.

으면서 여유를 가지고 산세를 즐기면서 내려왔다. 길 코스는 내내 똑같았다. 가파른 내리막의 연속이다. 한두 시간이 지나자 슬며시 짜증이 올라오면서 싱거운 반찬을 할 수 없이 먹는 기분이 들 정도로 지루함과 짜증이 같이했다.

3시간 이상을 내리막만 걸으니 출발할 때의 백록담에 대한 기대와 설렘은 어느새 사라지고 백록담의 환희도 퇴색하는 기분이었다. 재미없는 길을 원망하는 마음도 들어서 터벅터벅 걸어 내려왔다. 몸도 지치고 양손에 든 스틱도 귀찮아서 접어 넣어버렸다. 내리막을 계속해서 내려오니 4시간 만에 관음사에 도착했다. 1950(한번 구경 오십시오.)m의 한라산 완주가 끝났다. 숙제를 해결했다는 안도감이 찾아들었다.

우리는 버스를 타고 제주올레 시장으로 갔다. 족발과 막걸리를 중간에 두고 마주 앉아서 한라산 완주를 자축했다. 등산을 하면서 힘들었던 구간을 이야기하면서 대화는 물 흐르듯이 이어졌다.

밤이 깊어지자 인호는 오늘은 한라산을 돌아서 피곤하니 오늘은 꿀잠을 잘 것 같다고 말하며 자리를 정리했다. 제주올레시장은 서민들의 북적거림으로 사람 사는 세상을 보여주고 있었다.

진정한 친구가 되어주는 것

지리산 천왕봉

　새벽 3시 지리산 중산리에서 동수와 두 사람이 산악회 버스에서 내렸다. 몇 달 전부터 준비한 지리산 천왕봉 등반이 이루어지는 순간이었다. 주변에는 가로등 불빛이 있었지만 어둑어둑해서 모든 것이 잘 보이지는 않았다. 어느 부부가 등산복 차림으로 걸어오자 천왕봉 가는 길을 물었다. "저희도 오늘 처음입니다."라며 지나가는데 그들 앞으로 한 여성이 혼자서 빠른 걸음으로 걷고 있었다. 그 부부가 길을 묻자 "나만 따라오세요."라고 하면서 바람 같은 속도로 걸어가는데 몇 분이 지나서 그 여성의 모습은 찾아볼 수가 없었다.

　등산로 입구에 도착했다. 동수와 준비운동을 하고 등산을 시작하려는 마음가짐이 진지했다. 처음부터 돌길로 된 오르막이 시작되었다. 헤드랜턴의 빛에 의해 길을 밝히고 걸었다. 어둠을 넘어 천왕봉을 향해 암흑 속으로 빨려 들어가는 것 같았다. 출발점이라 에너지가 넘쳐 발걸음을 습관적으로 경쾌하게 옮겼다. 혼자라면

외로울 텐데 동수가 있어 든든하기도 했다.

　한참을 걷다 보니 갈림길인 칼바위 이정표가 나왔다. 칼바위까지 1.3km는 처음 출발해서인지 힘이 넘쳐 들뜬 기분으로 단숨에 왔지만 다리가 만만치 않았다. 이 지점은 장터목대피소로 가는 길과 범계사로 가는 길의 갈림길이었다. 인생이란 매 순간 선택이라는 생각을 하면서 거리가 짧은 범계사 방향으로 가자고 했다. 처음 올 때부터 동수를 염려했지만 그는 나하고는 비교가 안 될 정도의 등산 실력자였다. 내가 늦게 걷는 게 부담스러워 그에게 먼저 가라고 했고 중간지점인 로터리대피소에서 만나자고 했다.

　다시 걸었다. 오르막 경사가 가파르다. 가다 쉬다를 반복하면서 걸었다. 뒤에서 헤드랜턴을 켜고 오는 노련한 등산객들에게 길을 비켜주면서 걸었다. 한 걸음 한 걸음이 천근만근의 무게였다. 등산화는 쇳덩이를 끌고 가는 것 같았다. 너무 힘들어서 바위에 앉아서 헤드랜턴을 켜보니 전체가 칠흑 같은 어둠이어서 보이는 것이 하나도 없었다. 다른 등산객에게 나를 노출시키기 위해 랜턴을 다시 켜고 한참을 바위에 앉아 있었다.

　거림탐방센터에서 출발하지 않고 중산리로 온 것이 정말 잘했다는 생각이 들었다. 산악회 버스를 이용해 지리산 등산을 왔는데 신청할 때부터 안내자는 거림탐방센터에서 출발을 권했다. 거림탐방센터에서는 거림-세석대피소-장터목대피소-천왕봉-중산리의 코스는 18km였다. 나의 등산 실력으로는 가능한 거리였다. 그렇지만 그 거리는 마감 시간을 정하지 않고 친구들과 천천히 가는 방식은 갈 수 있는데 산행 종료 시간을 정해두고 그 시간에 맞춰 하산하는 것은 무리라는 생각이 들었다.

거림대피소에서 하차할 즈음에도 거림에서 출발을 권하자 중산리 출발을 신청했던 등산객 몇 사람도 모두 거림으로 출발지를 바꾸었다. 중산리에서 출발하는 등산객은 나와 동수 두 사람뿐이었다. 순간적으로 마음이 흔들렸다. 옆자리에 앉아 있던 동수를 쳐다보자 그는 한마디도 하지 않았다. 나의 권유로 같이 왔기 때문에 나의 결정을 존중한다는 의미였다.

중산리-범계사-천왕봉-장터목대피소-중산리의 13km 코스를 선택했다. 버스로 거림탐방센터에서 중산리로 30분간 이동해서 등산을 시작했다. 그렇지 않았으면 낙오됐을 것이라는 생각이 들었다. 소신을 지킨 것이 다행이라고 생각했다. 걷다 쉬다를 반복하면서 2.1km를 더 걸어서 범계사 아래 있는 로타리대피소에 도착했다. 새벽 5시가 되었다. 출발할 때 암흑이었던 날씨는 어둠이 완전히 걷히고 밝은 아침이 되었다. 대피소에서 먼저 도착해서 동수와 만나 간단한 간식으로 요기를 하면서 피로한 몸을 충전시킬 수 있었다.

다시 걷기 시작했다. 천왕봉까지는 2.1km 남았다. 걷기를 시작하여 범계사를 돌아서는데 "여기서부터 천왕봉(2km)까지 급경사로 심장질환 사고가 자주 발생하는 지역이니 천천히 천천히 안전 산행이 되도록 바랍니다."라는 표지판이 있었다. '나뿐만 아니라 모두가 힘든 코스구나.' 하는 생각에 마음의 안도가 되었고 천천히 걷는 나에게 큰 위로가 되었다.

이 코스는 너무 급경사였다. 몇 걸음 걷고 쉬어야 할 정도로 버거웠다. 100m 정도를 걸어가니 또 다른 표지판이 있었다. "여기는 심장 안전 센터입니다. 조금 늦어도 괜찮아요. 남보다 많이 볼 수 있거든요."라는 표지판이 있었다. 느긋한 마음으로 걸어서 범계사에서 1km 정도 지점을 걸어가는데 위쪽의 바위에서 "아이고 다리야, 아이고 다리야."라는 소리가 들렸다. 그 소리를 듣고 황급히 달려가 보니 50대 남성이 누워서 다리를 붙잡고 있었다. 무엇을 도와줄까요, 하고 묻자 그는 허벅지에 경련이 난다고 했다.

그의 허벅지를 주무르는데 위에서 하산하는 두 사람의 등산객이 내려오고 있었다. 나는 사정을 이야기하고 응급조치를 해줄 수 있으면 해달라고 부탁을 했다. 그중에 한 분이 파스가 있다고 허벅지에 스프레이를 뿌려 주었고 다른 한 분은 배낭을 뒤지더니 조그만 약통을 꺼내면서 근육이완제라고 건네주었다. 그들은 우리에게 어디서 오는 길이냐고 물었고 자신들은 대피소에서 자고 종주를 하는데 나이가 들면 종주를 하다가 골병이 들지도 모르니 체력에 맞게 적당히 산을 타라고 충고를 하면서 내려갔다. 나는 속으로 지

천왕봉 정상석에서 내려다보는 순간 새로운 세상이 열려 있었다.
하늘은 정말 파랗고 손과 맞닿을 정도로 가까이 있었다.
앞뒤로 보이는 산맥들은 겹겹이 층을 이루고 끝없이 푸른 산만 보였다.

리산이 처음이어서 이번에 지리산 맛만 볼 겸 가장 짧은 코스인 중산리 천왕봉 코스를 선택한 것이 다행이라는 생각이 다시 한번 들었다.

그가 안정을 취하고 괜찮은 모습을 보였다. 그가 염려되어 배낭을 메고 가겠다고 하자 그는 거부하더니 나의 완강함에 배낭을 맡겼다. 앞서갔던 동수에게 전화를 하여 그 자리에 있으라고 했고 가방을 메고 올라가서 동수에게 사정 이야기를 하고 체력이 좋은 그에게 가방을 맡겼다. 동수와 그는 먼저 올라갔고 나는 가다 쉬다를 반복하면서 올라가는데 정상이 가까워질수록 다리에 힘이 빠지고 있었다.

600m를 남겨둔 지점에서 왼쪽 다리 관절에 약간의 통증이 오기 시작했다. 난감했다. 계단을 오르기가 곤혹스러웠다. 정상을 앞에 두고 포기할까 봐 조마조마하기도 했다. 산행 손수건을 꺼내 다리를 세게 묶었다. 그런데 그 지점에서 아침에 만났던 부부가 우리는 도저히 올라갈 수는 없어 되돌아가야 될 것 같다고 하면서 조심하라고 염려해주었다.

"아깝네요. 거의 다 왔는데…."

"어쩔 수 없네요."라고 발길을 되돌리는 모습이 체념한 듯하면서도 억울하다는 표정도 엿보이는 것 같았다. 조심스럽게 한 발짝 한 발짝 계단을 걸었다. 600m를 6km 정도 걸었다는 느낌을 받으면서 드디어 정상에 올랐다.

오전 8시였다. 오르막 5.4km를 5시간 만에 올랐다. 천왕봉 정상석에서 내려다보는 순간 새로운 세상이 열려 있었다. 하늘은 정말 파랗고 손과 맞닿을 정도로 가까이 있었다. 앞뒤로 보이는 산맥들은 겹겹이 층을 이루고 끝없이 푸른 산만 보였다. 새롭게 보이는 대자연의 경관에 나도 모르게 탄식이 흘러나왔다. 산들의 세상에 온 것처럼 느껴졌다. 덕유산 정상에서 눈으로 덮인 산야를 보면서 눈 세상이라는 표현을 했을 때와 같은 기분이었다. 산 아래로 깨끗한 마을이 아스라이 보이는데 하늘나라에서 지구를 내려다보는 것 같았다. 평화로운 세상에 와 있는 것처럼 느긋하고 행복했다.

정상석에서 촬영을 하는데 다른 등산객이 환한 미소를 지으면서 태극기를 건넸다. 산에서 처음으로 태극기를 들고 사진을 찍었다. 정상에서 앉아 아래를 바라보면서 조용히 앉아 황홀경을 느꼈다. 가슴이 확 트이고 호연지기의 기상이 저절로 느껴지는 것 같았다. 한참을 앉아 있다가 평정심을 유지하고 정상 아래쪽으로 가서 아침식사를 했다. 정상 주변은 기암괴석으로 정상의 위용을 과시하고 있는 것처럼 보였다.

인생의 시름과 욕망을 정상에 내려놓고 하산을 시작했다. 한 시간 이상을 걸어 내려가자 장터목대피소가 나왔다. 경관을 보고 하산하려고 하는데 누가 뒤에서 '선생님' 하고 부르면서 내 손을 잡았다. 고개를 돌려보니 근육경련을 일으킨 친구였다. 그는 내 손을 끌고 일행과 같이 있는 테이블로 자기를 데리고 갔다. 삼겹살을 구워 먹으면서 소주를 마시고 있었다. 그는 일행들에게 나를 구해준 분이라고 치켜세웠고 동수는 배낭을 들어준 고마운 분이라고 하면서 소주를 권했다. 그들은 3명이 같이 광주에서 승용차로 왔다고 했다.

동수와 같이 간단히 소주를 한잔하고 이야기를 하다가 인사를 하고 헤어지려는데 그 친구가 "은혜를 어떻게 값죠?"라고 하자 나는 여행 관련 책에서 본 내용이라고 하며 그대로 전했다. "여행 중 어려운 사람을 만나면 내가 받은 것보다 더 많이 베풀어주는 일이 은혜를 갚는 일이다."라는 글을 책에서 봤다고 답을 대신하며 인사를 했다.

장터목대피소에서 중산리까지 하산길은 5km였다. 계속되는 내리막길은 지루하고 답답했다. 하산길을 가볍게 생각했는데 거리가 너무 길어서 만만치 않았다. 3km 정도를 내려오는데 산을 잘 타는 동수의 발걸음이 더 빨라지기 시작했다. 순간적으로 '아~ 시장한가 보구나.' 하는 생각이 들었다. 나는 정상에서 밥을 좀 먹었지만, 그는 아침은 원래 안 먹는다고 막걸리 한잔과 바나나만 먹었던 생각이 났다. 배고프냐고 묻자 그렇다고 했다.

마음이 바빠졌다. 나는 천천히 걷고 싶었지만 빠른 걸음으로 하산길을 재촉했다. 정상에서 그리고 장터목에서 시간을 많이 지체해서 늦어진 것 같았다. 올랐던 길과 반대로 하산했는데 교차점인 칼바위에 오니 1km 정도 남았다. 다소 호흡을 진정하고 천천히 걸었다. 동수도 안심하는 분위기가 되었다. 나란히 걸어 나오니 오후 1시가 되었다. 10시간의 산행이 종료되는 순간에 서로 악수를 하면서 천왕봉 등반을 자축했다.

하산하니 대형식당인 거북이 산장이 우리를 반기는 듯했다. 야외 식탁에는 손님들이 만원이었다. 한쪽에 자리를 잡고 산채비빔밥과 동동주를 시켰다. 시장하겠다며 그에게 늦은 점심을 권했다. 그와는 중학교 동창이다. 몇십 년 연락 없이 지내다가 15년 전 재경 중학교 동창회에서 만났다. 약속장소가 정해졌지만 우리는 1시간 전에 지하철역에서 만나서 얼싸안고 기뻐했던 일이 생각났다. 그는 서예를 20년째 하면서 국전 작가를 목전에 두고 있다. 또 주역에 통달하여 사주 관상을 보는 재능이 뛰어나다. 그와 같이 중학교 때 친했던 친구 4명과 만나면서 '문방사우'라는 닉네임으로 만나고 있다. 얼마 전에는 그가 친구들에게 아호를 작명해주어 우리들은 서로 아호를 부르면서 서로 존중받는 흡족한 마음을 가지고 있다.

막걸리 한 병이 비워졌을 무렵 동수에게 오늘 시간을 같이해준 것에 대한 감사의 말을 전했다. 사실 지리산을 오고 싶었던 것은 11월 중 에세이집을 출간 예정인데 책 내용이 여행지와 전국 유명산을 돌면서 느낀 내용을 기록하는데 한라산, 지리산, 설악산 편을 넣고 싶은 마음이 간절해서 권유했다고 말했다. 험한 산이라서 혼자 운전해서 갈 수가 없어서 차 편을 먼저 알아봤고 여러 친구 선후배들과 동행을 요청했지만 모두 다 일이 있거나 건강상 이유로 어렵다고 했다.

그래서 마지막으로 친구에게 전화를 했다. 친구는 직장을 다니고 있기 때문에 어려울 것으로 알고 큰 기대를 안 했는데 응해주어서 고맙다고 다시 한번 인사를 했다. 내 말을 들은 그는 내가 난생 처음으로 부탁이 있다는 첫 마디에 무슨 의미가 있을 것이라 생각하고 응했는데 큰 의미가 있는 길에 동행하게 되어 기쁘다고 했다.

우리는 술을 마시면서 그는 서예 국전 작가를 위한 준비과정을 이야기했고 나는 에세이 작가로 등단하기 위한 과정의 이야기로 분위기가 진지해졌다. 둘이는 서로 목표를 이루기를 바라며 말없이 건배를 했다. 이심전심을 확인하는 듯 환하게 웃었다. 마지막으로 내가 그에게 말했다. 오늘 거림탐방센터에서 출발하지 않고 중산리에서 출발하기를 잘했다고 하자 이렇게 말했다.

"송산(松山, 나의 아호)의 산행 실력을 보니 그곳에서 출발했으면 낙오될 실력이더라."

"그렇네, 지리산에서 하마터면 낙오할 뻔했네."

송산(松山)과 효명(孝明, 친구 아호)은 흰 이를 드러내고 크게 웃으며 산악회 버스로 향했다. 버스로 이동하는 잠깐의 순간에 "진정한 친구를 얻는 길은 친구에게 진정한 친구가 되어주는 것이다."라는 속담이 기분 좋게 뇌리를 스쳐갔다.

60이 되어 다시 만난 진짜 청춘

설악산 울산바위

수원 시청역에서 만났다. 시내를 벗어나 춘천 고속도로를 질주했다. 평일이라서 고속도로를 전세 낸 것처럼 달렸다. 짧은 시간에 강원도 속초에 도착했다. 입구 주차장에 차를 세우고 점심을 위해 식당으로 들어갔다. 때늦은 시간이라 손님은 우리뿐이었다.

자리를 잡고 음식을 주문하고서 코로나 상황에 자영업자 걱정을 하자 식당 주인은 다행히 이곳은 해외로 가지 못하는 관광객들이 동해안을 많이 찾아와서 큰 피해는 없었다고 안도하면서 수도권 자영업자들을 걱정하는 모습을 보였다. 점심을 끝내고 낙산사 관광을 위하여 식당 문을 나서는데 강풍이 몰아치고 비가 쏟아지기 시작했다. 다시 식당으로 들어와서 커피를 한 잔 하며 기다렸지만 비바람은 계속되었다.

마냥 있을 수가 없어서 우산을 쓰고 낙산사를 올랐다. 평일이지만 다른 관광객들도 꽤 있었다. 강풍과 심한 빗줄기에 우산이 벗겨지기도 하고 날아가기도 했지만 입장하여 내부를 돌았다. 몇 번 불이 났던 낙산사는 원래대로 복원되어 있었다. 낙산사에서 동해바다는 집채만 한 파도가 밀려든다. 바닷가인 목포에서 자란 우리는 바다는 항상 마음의 고향이다. 바다를 그리워하는 내 안의 또 다른 나는 바다의 파도를 보면서 그리움에 울컥하는 것 같다. 강풍과 쉬지 않고 쏟아지는 빗줄기 때문에 서둘러 낙산사를 빠져나왔다.

속초에서 빼놓을 수 없는 곳이 대포항이다. 대포항에 가서 회를 사고, 마트에서 술과 안주류를 준비해서 롯데리조트로 왔다. 항상 펜션을 이용하거나 차박을 하는데 오늘은 친구 덕분에 오성급 호텔급인 리조트에 들어오니 격이 달랐다. 바다가 바로 보이는 것이 리조트보다는 바닷가 정자에 앉아 있는 것 같은 기분이 들 정도 전망이 가장 높고 좋은 룸이었다. 셋이서 다 같이 음식을 준비하고 먹으면서 야경의 동해 바다를 즐겼다. 공통된 주제는 60살이 된 우리에게 필요한 것에 대해 이야기를 나누면서 누가 먼저랄 것도 없이 스르르 잠이 들었다.

다음 날, 아침 식사를 간단히 하고 울산바위를 오르기 위해 설악산 국립공원으로 향했다. 평일인데도 가다 서다를 반복하여 국립공원 주차장에 도착했지만 차는 이미 만원이었다. 아슬아슬하게 통로에 주차할 수 있는 번호표를 받고 관리인에게 자동차 키를 맡기고 공원을 입장할 수 있었다.

설악산 입구 표시석에서 기념사진을 찍고 울산바위를 향해 걸었다. 4km였다. 신흥사 위의 계곡을 따라 길을 잡았다. 흔들바위까지 3km는 소풍을 하듯이 가볍게 걸었다. 아직 단풍이 들지 않아 푸른 나무들이 양쪽으로 신록을 만들어주고 있었다. 나무 밑둥이에서 하늘을 보면 하늘이 초록색으로 변한 것 같기도 하였지만 나뭇잎 사이로 푸른 하늘도 살짝살짝 보였다. 흔들바위에 도착했다. 흔들바위 앞에서 인증샷을 찍기 위해서 한참 줄을 서서 기다리다가 차례가 되어 기념사진을 찍고, 맞은편에 있는 삼성사를 관광하면서 여유로운 시간을 즐겼다.

울산바위를 오르는 것도 별거 아니겠지 하는 자신감을 가지고 1km 남은 정상을 오르기 위해 발걸음을 옮기기 시작했다. 자신감이 마음에 정착되기도 전에 가파른 오르막이 시작된다. 경사가 너무 가파르다. 200m를 오르니 지금까지 걸어온 거리보다 더 힘들다. 등산화에 쇳덩어리가 붙어 있는 것 같았고 배낭에 금덩어리가 있더라도 벗어던지고 싶은 충동을 느꼈다. 버겁고 힘들다. 최근 6개월 정도 등산을 안 해서인지 몸이 굳어버린 것 같았다.

버겁고 힘들지만 참으면서 한 계단씩 올랐다. 한참을 올랐는데도 추가로 300m 올라왔다. 하산하는 등산객들은 격려하는 의미에서 "다 왔습니다. 다 왔습니다."라고 응원을 하면서 내려오는데 그들이 부러워 보이기는 처음이었다. 호흡이 거칠어지고 땀이 비 오듯 하고 어지럽기도 했다. 난간에 기대어 호흡을 정리하고 평정심을 유지한다. 다시 가파른 계단을 오르지만 고행길은 계속된다. 가파른 계단의 1km가 평지 10km보다 힘들게 느껴진다. 경사가 심한 나무계단이 회전으로 되어 있어 더 힘들게 느껴진다. 몇 번 돌았다.

마지막 힘을 내어 회전 구간을 오르니 드디어 하늘이 열리고 울산바위가 나왔다. 고통이 환희로 바뀌는 순간이었다. 이렇게 힘들어하면서 정상에 오르는 이유를 자연이 말해주고 있었다. 동해 바다와 속초 시내가 한 폭의 그림처럼 보이는 것이 새로운 세상이 펼쳐진 것 같다. 우측으로 대청봉과 외설악이 파노라마처럼 펼쳐져 있다. 울산바위는 그 자체로 빼어난 명승지이지만 바라보는 풍광도 이에 못지않게 아름답다. 하늘은 새파랗다. 구름도 여러 가지 모양으로 등산객을 반기고 있었다. 하늘에 떠도는 구름과 세상을 떠도는 나와 자연이 일치함을 느낀다. 인생의 고통과 시름이 한 방에 날아가고 없었다.

똑같은 고통을 겪으며 올라온 양기와 복일이도 "멋져, 너무 멋져!"를 외친다. 오르면서 심하게 찌그러졌던 얼굴들이 다리미로 다린 듯 확 펴졌다. 개인 사진과 단체 사진을 번갈아가면서 찍고 대자연의 아름다움을 마음껏 즐기는 시간을 가졌다. 평일이라 등산객이 그리 많지 않아서 한쪽에 앉아 가져온 음료를 마시면서 풍광을 즐겼다.

친구들도 "등산을 좋아하지만 최근 들어 오랫동안 등산을 하지 않고 있다가 갑자기 하니 너무 힘들었다."라고 둘이 동시에 말이 나왔다. "이렇게 위대한 산의 정상에 오면 내 안에 꼬인 문제들이 실타래 풀리듯 슬슬 풀리는 것 같고 불안과 두려움이 없어지면서 자신감이 생긴다."라고 양기가 말을 하자 복일이도 말을 잇는다. "나는 마음의 상처 난 곳이 연고를 바르면 아물 듯 신의 손이 나를 치유하는 것 같은 느낌을 받을 때가 있어. 참, 오늘 날씨도 좋고 오기를 너무 잘했어."라고 하며 흡족한 표정을 짓는다. 울산바위 정상에서 환희를 마음껏 느끼고 하산을 시작했다.

속초 대포항에서 저녁을 먹고 가기 위해 대포항 회집으로 들어갔다. "양기, 그날 멋있었어, 그 덕분에 오늘 여기에 왔잖아. 복일이도 참여해서 고맙고…."라고 말하면서 며칠 전 일을 소환했다.

회갑이 사회적으로 크게 이슈화되지는 않지만 가족이나 친척, 친구들이 축하해주면 그런대로 기분이 좋다. 지난 9월 말 저녁 식사 자리에서 고교 동창이자 입사 동기인 양기가 선물을 준다고 불쑥 봉투 하나를 내밀었다. 뜬금없이 무엇이냐고 물었더니, 1년 전에 약속한 선물이란다. 전혀 생각이 나지 않아서 캐물었더니 1년 전에 나의 회갑 때 큰 선물을 해주겠다고 약속을 했다고 한다. 그런 일이 있었냐고 웃으면서 봉투를 열어보니 강원도 속초에 있는 롯데 리조트 2박 숙박권이었다. 나는 생각도 하지 않았는데 그는 술자리에서 농담으로 한 약속을 지킨 것이다. 상품권을 받는 것도 민망하고 성의를 거절하기도 난처했다. 잠시 생각을 한 뒤에 그에게 물었다.

동해 바다와 속초 시내가
한 폭의 그림처럼 보이는 것이 새로운 세상이 펼쳐진 것 같다.

"1년 전에 누구랑 같이 술 마셨지?"

"글쎄 갑자기 물어보니 생각이 안 나는데."

"잘 생각해봐."

한참을 생각하던 양기는 "맞다, 복일이하고 술 마시면서 회갑 이야기가 나와서 내가 말한 것 같아."라고 양기가 대답을 했다. 나는 즉시 그러면 "이 리조트 숙박권으로 우리 셋이서 강원도 여행을 가자."라고 제안을 했다. 갑자기 제안을 받은 양기는 나를 빤히 쳐다보면서 머뭇거리다가 그러면 "복일이한테 전화해보고 결정하자."라고 말하며 복일이에게 전화를 했다. 복일이와 간단히 통화한 후 동의해서 오늘 여행이 이루어졌다.

바다가 보이는 자리에 위치해서 바다의 풍광을 즐기던 양기가 이야기를 꺼냈다. 나이를 느끼지 못하고 힘차게 살았다. 먹고 살기 위해 바쁘게 살다 보니 어느덧 시간이 흘러 환갑이 되었다. 지금은 100세 시대라서 환갑은 기존의 40대와 같다. 그래서 큰 의미가 있다고는 볼 수 없다.

그렇지만 사회적, 정신적, 육체적으로 느끼는 의미는 매우 크다. 사회적으로는 나이 60이면 자영업자를 제외하고는 은퇴 시기이므로 개인의 경제력에 따라서 제2의 인생을 설계할 것인지, 아니면 제2의 직업을 선택해야 할지를 결정해야 하는 중요한 시기가 되고 말았다. 환갑은 자신의 노후 준비와 자녀의 학업 및 결혼 지원에 대해서 신중하고 현명하게 판단해야 하는 시기인 것 같다고 했다.

술을 한잔 들이킨 복일이가 자연스럽게 말을 이었다.

"우리 사회는 IMF 이후 이태백, 사오정, 오륙도란 용어들이 회사에서 내몰리는 조기 은퇴 시기를 대변하고 있다. 이런 시기에 60까지 직장생활을 하고 은퇴한다는 것은 복 받은 사람이라고 할 수 있다. 그렇지만 정년퇴직을 한다고 모두가 안정적인 경제력을 유지하는 것이 아니기 때문에 은퇴자의 속내는 복잡하기만 하다. 산업화 시대의 역군으로서 조직 생활에서는 상명하복에 길들여진 생활을 했고 부모를 모시고 자녀를 지원하느라 모든 에너지를 집중하여 살다 보면 60이 되었다. 에너지는 고갈되었고 몸은 고장 난 기계처럼 말을 듣지 않는 것이 우리의 현실이라고 했다."

내가 말을 이었다.

"이런 상황에서 은퇴를 하면 번아웃 증후군에 시달릴 수도 있고 심하면 우울증에 빠질 수도 있어서 이를 극복할 수 있는 정신력과 체력을 보강하는 일이 중요한 문제다. 이런 문제들로부터 요즘 60은 심적인 압박을 받고 있다. 준비가 잘 된 사람에게 100세 시대는 축복이지만 준비가 안 된 사람에는 재앙이다."

"지금 우리에게 정말 필요한 것은 뭘까?"

심각히 듣고 있던 양기가 갑자기 질문을 했다.

"전에 SNS에 많이 돌아다닌 것 같은데?"

"맞아, 그게 정말 필요한 것 같아."

"글쎄, 돈, 시간, 뭐 이런 것 있었는데."라고 하면서 복일 이가 머뭇거렸다.

나도 생각이 나지 않았다. 나와 복일이는 양기를 쳐다보았다.

"건강, 돈, 시간, 친구, 취미!"라고 말하면서 정말 필요한 5대 필수 조건이라고 했다. 듣고 있던 내가 "필수 조건이 아니라 생존 조건이네."라고 말하자 모두 다 고개를 끄덕이고 있었다.

말을 꺼낸 양기가 다시 이야기를 시작했다. "우리가 이렇게 살아 온 것은 어떻게 보면 천만다행이다. 정년까지 직장생활을 했으니 그동안 먹고살기 위해 못다 한 일을 하나씩 해야 되지 않을까 생각한다."고 했다.

복일이가 "그래 좋다. 오늘을 계기로 위에서 말한 5가지 생존조건을 지키면서 진짜 청춘을 살면 좋겠다."라고 말을 했다.

"그럼 60이 되어 다시 만난, 진짜 청춘을 시작해야겠네."라며 건배를 제안했다.

양기가 잔을 높이 들었다.

"60이 되어 다시 만난! 진짜 청춘!"

대상관계, 때로는 무의식이 나를 조정한다

서울 월드컵공원

상암동 월드컵 경기장 맞은편에 조성된 월드컵공원은 테마별로 평화의 공원, 하늘공원, 노을공원, 난지천공원으로 부르고 있다. 이곳은 1970년대부터 1990년대까지 쓰레기를 매립했던 난지도였는데 환경생태공원으로 탈바꿈을 했고, 2002년 월드컵 개최를 기념으로 공원명을 월드컵공원으로 명명한 곳이다.

평화공원에서 난지연못과 평화의 정원, 피크닉장을 돌아보면서 오랜만에 휴식과 여유를 즐겼다. 이곳을 이동해서 291개의 계단을 올라 하늘공원 전망대에 도착했다.

확 트인 시야가 마음을 시원하게 만들어 주었고 서울의 강북 시내가 한눈에 들어왔다. 왼쪽으로는 기암괴석의 북한산이 보이고 월드컵 경기장의 지붕은 흰색으로 웅장해 보인다. 중앙으로는 저 멀리 남산타워가 자리 잡고 있고, 타워 오른쪽으로는 63빌딩과 성수대교가 이어져 있다. 하늘공원 아래를 바라보니 구름다리로 연결된 평화공원의 난지연못을 구경하는 사람들이 정겹게 보인다.

서울의 조망을 즐긴 뒤 500m 떨어진 하늘정원으로 향했다. 정원으로 가는 길의 양쪽에는 꽃망울을 맺기 시작하는 벚꽃 나무들이 줄지어 서 있었다. 중간중간에는 산수유가 만개해 있고 가끔씩 진달래도 꽃 피울 준비를 하고 있었다. 벚꽃나무들이 서 있는 언덕에는 매립가스를 포집하여 열 생산 공장으로 이송하는 관로가 의미 있게 눈에 띄어서 난지도를 환경생태공원으로 조성한 흔적들이 남아 있었다.

하늘정원 입구에는 하늘공원 표지석이 다른 곳에 비해 또렷한 글씨로 표기되어 있었다. 오른쪽의 탐방안내소 옆에는 간식을 즐길 수 있는 매점이 있고 벤치도 잘 정리되어 있었다. 매점에서 커피와 간식을 사 와서 따스한 햇살을 받으며 한가한 시간을 보냈다. 가을에 이곳 정원에는 억새와 갈대 등 다른 꽃들의 키가 사람의 키보다 높아서 정원 전체를 다 볼 수 없는데 지금은 갈대와 억새의 밑둥이 다 잘려 있어 노랑 잔디만 깔려 있는 대 평야처럼 보인다. 그렇지만 갈대와 억새는 새순갈이를 준비하고 있고, 다른 꽃들도 9월의 축제를 준비하는 과정임을 읽을 수 있었다. 정원을 도는데 한강이 발아래 있는 것처럼 가깝게 흐르고 있었다.

하늘공원을 돌아보고 아래쪽 도로를 따라 걸어서 노을공원으로 향했다. 가는 길 중간에 따스한 볕이 잘 드는 곳이 있는데, 그곳에는 개나리가 활짝 핀 곳도 있었다. 그래서인지 상춘객들의 발걸음도 가볍게 움직이는 것처럼 보였다. 하늘공원과 노을공원 자체가

광활하여 걷기에 무리가 있는 사람들, 아이들과 소풍을 나온 상춘
객들은 맹꽁이 열차를 이용하여 공원을 관람하는 모습을 볼 수 있
었다.

노을공원은 자연생태지, 산책로, 보는 곳에 따라 달리 보이는
조각공원, 가족 캠핑장과 운동시설이 있고 산책로도 깔끔하게 조
성되어 있었다. 노을공원은 전체가 잔디밭으로 조성되어 있어서
가족 단위 소풍과 연인들의 데이트 장소로 적합했고 사색하기에도
좋은 곳이었다. 노을공원을 뒤로하고 난지천공원으로 내려왔다.

난지천공원은 어린이 놀이터와 풋살장 등의 체육시설과 잔디광
장이 잘 조성되어 있고 시민들이 가족과 함께 즐거운 휴일을 보내
고 있었다. 월드컵공원 전체는 난지도 쓰레기장에서 서울 시민의
휴식 공간으로 자리매김한 지 오래되었다.

오늘 나들이는 대학원 생활 내내 형, 동생 하며 친하게 지냈던
영기의 요청으로 동행했다. 서울에 거주하는 영기는 구석구석 세
밀하게 안내를 했다. 점심시간이 한참 지났다. 나무 그늘이 드리워
진 곳에 돗자리를 펴고 도시락으로 점심을 대신했다. 점심을 끝내
고 커피를 한 잔 하면서 졸업을 앞둔 대학원생으로서 여러 가지 잡
담으로 즐거운 분위기를 이어 나갔다.

중간에 잠시 침묵이 흐르던 시간에 영기가 뜬금없이 이야기를
꺼냈다. "선배, 나도 이제 상담대학원을 내일모레면 졸업하니 심리

상담소를 운영해보려고 하는데 어떻게 하면 좋을까? 마침 대학원 동기가 같이 투자해서 하자고 하는데?"라며 나의 의견을 물었다. 그는 대기업에 다니다가 작은 사업장을 안정적으로 운영하고 운영하고 있는 것으로 알고 있었다. 어떻게 보면 당연한 질문일 수 있는데 나는 갑자기 정신이 멍해지고 얼굴색이 크게 변하고 있었다. 영기도 그것을 직감적으로 느꼈는지 "선배 왜 그래요, 갑자기··· 무슨 일 있어요?"라고 하면서 염려스러운 시선을 나에게 보냈다.

나는 음료수를 마시며 평정심을 찾으려고 노력했다. 10년 전의 일이 주마등처럼 머리를 스쳐갔다. 가정의 문제가 있어서 심리상담을 받으면서 틈틈이 심리학을 독학으로 공부했다. 그리고 하던 사업을 정리하고 심리상담소를 오픈할 준비를 하는 중에 몇십 년만에 대학 동기를 만났다. 그는 대학원을 졸업했고 교육 관련 사업을 하고 있는 친구였다.

그는 나에게 자신의 교육센터에 심리상담소를 운영하려고 하는데 투자를 좀 하면 심리상담을 문의하는 사람이 많으니 어느 정도 상담 건수를 제공하겠다고 유혹했다. 며칠을 생각한 나는 투자는 어렵고 돈을 빌려주되 그 대가로 금전적인 이자는 없는 대신 사무실을 제공하고 상담 인력을 확보해주기로 약속했다. 그는 차용한 돈으로 상담실을 만들기 위한 인테리어 비용으로 사용하겠다고 했다.

그와 약속 후 새로운 직업을 갖는다는 희망에 부풀었고 미래의 계획에 신바람 나는 생활이 계속되었다. 세미나 등에 참여하면서 부족한 점을 공부하면서 분주하게 보냈다. 그런데 몇 달이 지나도 그에게서는 아무런 연락이 없었다. 수차례 찾아가서 왜 상담실 확장 공사를 안 하는지, 상담 인원 확보를 왜 안 하는지를 묻자 그는 나에게 투자를 했으니 상담 인원은 이곳에 와서 스스로 확보해서 하라는 것이었다. 돈을 돌려 달라고 요구하자 투자이니 돈을 돌려줄 수 없다고 맞섰다. 그의 태도는 돈은 받았고 차용증도 없으니 어떻게 하겠느냐는 능글능글한 여유를 보이는 모습이 가증스러웠다. 그는 여간내기가 아니었다. 말과 행동으로 볼 때 그는 이런 일에 닳고 닳아서 단련된 사람이 분명해 보였다.

속았다는 생각이 전광석화처럼 들었지만 늦어도 너무 늦었다. 머릿속이 팽이처럼 빙글빙글 돌았다. 그와 아무리 말을 해도 말싸움 밖에는 없었다. 화도 나고 분노가 치솟았지만 불끈하는 감정을 참을 수밖에 없었다. 새로운 사업을 하려는 나의 꿈과 틈틈이 모았던 돈이 순식간에 날아가버렸다. 천당에서 지옥으로 떨어져 허우적거리는 내 모습이 안타까웠지만 그와 대화는 불필요한 말싸움뿐일 것이 뻔했다.

그 후 고통스러운 날들이 지나자 정신을 차려 돈 받을 방법을 연구했다. 정신없이 돌아다니면서 친구들을 만났고 그들의 소개로 법조계에 종사하는 지인을 만나 자문을 구했다. 방법이 없는 것이 아니었다. 그들의 조언을 참고삼아 그 친구를 다시 만났다. 투쟁 일변도를 벗어나서 속마음을 숨긴 채 우호적인 입장으로 그를 대했다. 그간의 사정을 이야기하면서 모든 것을 녹취해서 서류가 없는 증거를 대신했다. 그는 다른 일에는 친절하게 이야기를 했지만 돈 말을 하면 발끈하곤 했다. 얼마간의 만남을 통해 모든 준비를 하고 그에게 최종 통보를 했다. 지인들의 도움으로 재판을 통하여 돈을 돌려받을 수 있었다는 이야기를 하면서 크고 긴 한숨을 내쉬었다.

한참 동안 말이 없던 영기가 "깐깐하신 선배가 그런 일이, 믿겨지지 않네요. 마음고생이 많았습니다."라고 말하며 나를 바라보았다. 그 모습이 나를 애처롭게 바라보는 것 같았다. 잠시 후 그는 나에게 어퍼컷을 강하게 날렸다. "선배, 심리상담 전문가 맞아, 잘 알지도 못하는 사람에게 큰돈을 덥석 빌려주는 것이 어린 시절 대상관계가 해결되지 않고 그대로 이어지고 있는 것 아닌가? 문제가 있어, 지금…."라고 그는 웃으며 말했지만 나는 그의 말에 움찔함과 부끄러움을 동시에 느꼈다.

심리학의 대상관계 이론은 유아시절 대상관계를 강조하는 이론인데, 어릴 때의 대상관계가 성인의 정신생활에서도 계속된다는 것이다. 이 이론의 중심사상은 현재의 인간관계는 이미 과거에 이루어진 관계의 영향을 받는다는 대상관계 이론을 그는 이야기하고 있었다.

그 사건이 해결되고 나서 많은 생각을 했다. 왜 그런 행동을 했을까, 인정받고자 하는 욕구에 흥분되었을까, 거절하면 친구와 멀어질까 하는 두려움 때문에 응했을까? 깊은 생각을 했는데 정답은 떠오르지 않았다.

며칠 후 그 원인을 찾았다. 지금까지 살면서 나에게 울타리가 되어준 사람은 아무도 없었다 모든 일을 스스로 개척하고 어렵게 살아왔다. 기댈 곳이 없었고 손쉽게 일을 처리해본 적도 없었다. 그 친구의 제안은 순간적으로 나의 울타리가 되었고 손쉽게 갈 수 있는 지름길이었다. 현재가 아닌 과거의 바람이었다. 그 제안은 나를 흥분시켰다. 나는 독이 든 그 사탕을 덥석 물었다. 그 친구도 울타리가 필요했고 손쉽게 일을 하고 싶은 두 사람의 무의식이 합치된 것이었다고 영기에게 지나온 생각을 이야기했다.

"저도 상담실을 같이 하자는 친구의 제안을 꼼꼼히 검토해 봐야겠네요. 선배의 아픈 과거로 한 수를 배웠어…."라며 그는 환하게 웃었지만 나는 씁쓸한 미소를 지었다. 하늘에서 내리쬐는 햇빛이 내 안에 숨겨진 무의식을 모두 의식화 시켜주기를 바라는 마음이 들었다.

내가 여행을 하는 이유

산을 오르고 올레길과 둘레길을 걸었다. 처음 걸을 때는 마음이 다소 산만하고 부담이 된다. 저 높은 산을 언제 오르나 하는 생각도 들고, 20km나 되는 둘레길을 언제 걸을까 하는 걱정도 올라온다. 걷다 보면 처음에는 여러 가지 잡생각들로 머리가 혼란스러울 때도 있다.

그렇지만 꾸준히 걷다 보면 마음이 안정된다. 2시간 이상을 걷다 보면 등에 땀이 촉촉이 젖어온다. 온몸의 노폐물이 땀으로 다 배출되는 것 같은 느낌을 받는다. 피곤해야 할 몸은 가벼워지고 발걸음은 더 빨라진다. 몸이 완전히 풀린 상태가 된다. 나의 경험으로는 여기서부터 기적이 일어난다.

평정심을 유지하면서 걷던 날은 그동안 과거에 있었던 일 중에서 미처 생각지 못했던 묵직한 일들이 마음 위로 올라온다. 그 시절 그 판단을 잘해서 즐거웠던 일도 생각나지만 잘못되었음을 암시해 주면서 성찰의 길로 이끌기도 한다. 그때의 잘못된 판단으로 다른 사람에게 피해를 주었을 생각을 하니 미안한 생각이 든다. 나중에 그들을 만나 그때의 일을 이야기한다. 별 감정이 없었다는 사람도 있지만 대체적으로 서운함을 표시하고 찾아와준 것에 대해서 감사의 표시를 한다. 서로 화해를 하는 마음이 너무나 좋다.

화를 주체하지 못할 감정으로 길을 걷거나 산을 오를 때도 있다. 처음에는 머리 전체가 그 일에 대한 생각으로 화가 나고 감정적인 면이 격하게 올라온다. 계속해서 몇 시간을 걷다 보면 표면적으로 올라왔던 격정적인 감정이 슬며시 사라진다. 그동안 나를 지배했던 감정이 연기처럼 날아가고 이성적인 해결 방법이 가슴으로 파고든다. 이럴 때면 너무도 행복하고 대자연에 감사함이 마음속에 샘물처럼 나오는 희열을 맛본다.

어떤 때는 여행객을 만나서 진솔한 이야기를 나눈다. 처음 보는 여행객이지만 진실을 터놓고 이야기를 하다 보니 가식이 없다. 주로 들어주는 일을 하지만 해답은 자신들이 찾아간다. 여행을 하면서 말하는 것보다 듣는 방법을 더 많이 배운다. 내가 설명을 하는 것보다는 공감하고 경청을 할 때 그들은 더 좋아하고 성찰을 더 빨리한다. 그들의 마음을 알아주는 일에 그들이 흐뭇해 할 때 심리상담 공부한 것에 대한 보람을 느낀다.

고등학교 동창회도 활성화되어 동창들 간의 모임도 많다. 산을 가고 당구를 치고 여행도 즐긴다. 우연한 기회가 되어 고등학교 동창회에 적극적으로 활동했던 일이 너무도 좋다. 그들이 있어서 슬픔과 기쁨을 같이할 기회가 많다. 나이가 들어감에 외롭지가 않아서 좋다. 나이 들면 중, 고등학교 친구가 최고라는 말을 실감한다.

혼자 산을 오르고 길을 걸을 때도 많다. 외롭지도 쓸쓸하지도 않다. 자연과 친구가 되어 대화를 할 때도 있다. 때로는 가족들의 생각으로 고민거리를 내가 묻고 자연이 답한다. 오래된 감정이 현실에 표출될 때 대응하는 방법을 배운다. 너무도 사랑했기에 집착이 되어버린 가족들을 이해하는 방법을 배운다. 소원했던 가족들을 포용하는 방법도 배운다. 혼자 눈물을 흘리기도 하고 혼자 웃기도 한다. 카타르시스를 느낄 때도 있다.

여행을 하고 올레길, 둘레길을 걸으면 무엇이 좋냐는 질문을 많이 받는다. 장그르니에가 쓴《지중해 영감》에 나오는 표현으로 대신한다.

"나는 이 고장에 올 때면 무엇가 내 안에 맺혀 있던 것이 풀리고 마음의 불안이 걷힌다는 생각을 했다. 그건 마치 누군가 상처에 확실하면서도 부드러운 손을 갖다대면서 그 상처가 아물기 시작하는 듯한 그런 느낌이다. 그것은 어떤 신선함의 감각이다."라고 장그레니에는 말하고 있다. 내가 여행지에서 느끼는 감정과 너무도 흡사하다. 이것이 내가 여행하는 이유이기도 하다.

마지막으로 이 책이 만들어지도록 도움을 주신 모든 분께 감사드리고 싶다. 먼저 이글을 보고 출간 제안을 받아주신 바이북스 윤옥초 발행인께 감사드린다. 책을 쓰는 내내 응원을 보내 준 아내와 1년 동안 여행에 동행한 친구 문복일과 민양기 친구께 감사드린다. 여행지에서 함께한 여행객들께 감사를 드린다. 이 글을 끝까지 교정과 감수를 맡아준 김영석 친구께도 감사의 말을 전한다.

한 번쯤은 내 맘대로

초판 1쇄 인쇄 _ 2022년 11월 15일
초판 1쇄 발행 _ 2022년 11월 20일

지은이 _ 김호열

펴낸곳 _ 바이북스
펴낸이 _ 윤옥초
책임 편집 _ 김태윤
책임 디자인 _ 이민영

ISBN _ 979-11-5877-316-8 03180

등록 _ 2005. 7. 12 | 제 313-2005-000148호

서울시 영등포구 선유로49길 23 아이에스비즈타워2차 1005호
편집 02)333-0812 | 마케팅 02)333-9918 | 팩스 02)333-9960
이메일 bybooks85@gmail.com
블로그 https://blog.naver.com/bybooks85

책값은 뒤표지에 있습니다.

책으로 아름다운 세상을 만듭니다. — 바이북스

미래를 함께 꿈꿀 작가님의 참신한 아이디어나 원고를 기다립니다.
이메일로 접수한 원고는 검토 후 연락드리겠습니다.